李镇西与新教育丛书

聆听教育大智慧

李镇西 编著

四川人民出版社

图书在版编目（CIP）数据

聆听教育大智慧 / 李镇西编著. —成都 ：四川人民出版社，2022.4

ISBN 978－7－220－12617－8

Ⅰ. ①聆… Ⅱ. ①李… Ⅲ. ①中小学教育—文集 Ⅳ. ①G63－53

中国版本图书馆 CIP 数据核字（2021）第 249611 号

LINGTING JIAOYU DAZHIHUI

聆听教育大智慧

李镇西　编著

出 版 人	黄立新
策划组稿	蔡林君
责任编辑	蔡林君　孟庆发
封面设计	李其飞
内文设计	戴雨虹
责任校对	吴　玥
责任印制	周　奇
出版发行	四川人民出版社（成都槐树街 2 号）
网　　址	http://www.scpph.com
E-mail	scrmcbs@sina.com
新浪微博	@四川人民出版社
微信公众号	四川人民出版社
发行部业务电话	(028) 86259624　86259453
防盗版举报电话	(028) 86259624
照　　排	四川胜翔数码印务设计有限公司
印　　刷	四川五洲彩印有限责任公司
成品尺寸	170mm×240mm
印　　张	16
字　　数	209 千
版　　次	2022 年 4 月第 1 版
印　　次	2022 年 4 月第 1 次印刷
书　　号	ISBN 978－7－220－12617－8
定　　价	66.00 元

让大师点燃思想的火炬

李镇西

这本书是李镇西博士工作站成立以来，受邀来为这个团队作报告的专家学者们的演讲录。

可能会有一些读者不理解“李镇西博士工作站”这个名称，甚至觉得“怪怪的”。请让我略微解释一下。

2015 年 7 月，我卸任成都市武侯实验中学校长后，当时的成都市武侯区教育局潘虹局长希望我能够带领一批年轻人成长，这个想法和我不谋而合。但我不愿意搞“名师工作室”，因为许多名师工作室已经严重行政化和形式化了，而且受制于太多的因素。我就想能够带着一批年轻人，让他们的心灵自由地成长。于是，接受成都市实验小学原校长陆枋的建议，我们这个团队叫“李镇西博士工作站”。其中，“博士”二字并非意味着要给成员们授予博士学位，而是表达我们努力成为“博学之士”的追求。

感谢成都市武侯区教育局的宽容，除了给予经费和场地，还给了我宽松的环境，没有“培养目标”，没有“实施计划”，没有“成果指标”，没有“量化考核”，没有“总结报告”……于是，我和工作站的老师们每月一聚，或分享读书，或交流经验，或考察教育，或观摩教学，或举办大师讲座……

所谓“大师讲座”，就是请全国（偶尔也有国外的）著名专家学者，给老师们作讲座，或上示范课。五年多来，先后请过的专家有（以年龄为序）：于漪、流沙河、姚文忠、吴盘生、杨东平、黄全愈、吴正宪、程红兵、张文质、陈大伟、华应龙、王崧舟、陆枋、蓝继红、张华、董瑞祥、夏昆……这本书，就是他们在工作站演讲或上公开课的实录。

工作站的老师来自中小学各学科，都是经过师范学校专业学习的在职教育者。所以李镇西博士工作站的任务不是学科的技能培训，而主要是帮助他们打开视野，让他们的思想燃烧起来。我经常想，就目前中国大多数一线教师而言，专业技能固然还有待提高，尤其在信息时代，教学手段的变革必须与时俱进，但比技术更新更重要的是思想的开放，而这恰恰是许多一线老师的不足。由于应试教育的桎梏，相当多的老师成天只埋头于教材、教参与习题，根本无暇看窗外的世界，久而久之，他们甚至习惯于日复一日应试训练的机械操作。有人说得好，习惯于笼子里生活的鸟，会觉得飞翔是一种病。如果这样，怎能培养出一代代富有创新活力的新人？

这就是为什么我煞费苦心地从全国各地请来专家们给老师们作讲座的原因。每一位演讲者虽然来自不同的专业，但他们都是我国顶尖的教育专家学者，他们敏锐的思考、缜密的思维、深刻的思想无一不冲击着我们团队每一位老师的心灵。不一定每一位专家的每一句话都绝对正确，但他们的每一次演讲，都是一次唤醒、一次点燃、一次召唤、一次期待……

发自内心地感谢专家团队，每一位专家不仅是团队成员的引领者，也是他们成长的导师。当专家们在作讲座时，我也回到了学生时代，继续从他们身上汲取前行的力量。

我觉得这些演讲不应该只属于李镇西博士工作站，而属于所有愿意成长的一线老师们。所以，我决定将五年来的专家演讲录汇集成册。需要说明的是，有的专家演讲时，并没有演讲稿，比如于漪老师，完全是即兴演讲，没有留下完整的实录。因此有的专家学者收入本书的演讲录，是专家学者事后提供的相同主题的演讲录，但这不影响他们思想的魅力。

闻名于世界的牧师、演讲家、作家诺曼·文特森·皮尔曾说过："改变你的思想，你就能改变自己的命运。"

是的，改变自己，从挣脱自己的精神束缚开始。只有"让思想冲破牢笼"，教师才可能带着学生在精神的原野上奔跑，一个民族的未来也才会真正充满创造的力量，而不可战胜。

2021 年 4 月 14 日于成都至广元的高铁上

目　录

提升学生的思维品质是时代的需要

人民教育家　于漪

我经常参加上海市教师的培训和评选工作，有一个问题让我非常焦虑：无论是特级教师的评定，还是基地学员的遴选，从书面的表达以及面试来看，老师们最缺失的不是教学的技能技巧，而是思想与批判性思维。

一、关于批判性思维

1. 思维才有力量

应该说，我们的教育事业取得了非常大的成就，不用从先圣孔子讲起，就是中华人民共和国成立以来，我们也培养了各行各业的杰出人才。国家经济之所以能够这样发展迅速，教育是功不可没的。比如为航母“辽宁舰”研制舰载机的罗阳，他献身于我们的军队、海洋，这样的中国脊梁不正是我们的教育培养出来的吗？

从20世纪90年代以来，全球化的趋势大家有目共睹，在这样的背景下，中国当然要开放，而且开放的范围越来越大，开放的深度也更加深入。前进的路在何方？从世界范围来看，我们要思考怎么样走出去；从国内来讲，我们要思考如何能够在三十多年快速发展的基础上，常态化地发展，因此必须要进行思维转型。

我想到多年来教给学生的一句话：知识就是力量。但是现在恐怕还要信奉：思维才有力量！就教育来说，小到一所学校、一名教师，确实要思考思想如何提升，思维如何转换，如何来提升学生的思维品质。这是时代的需要。

2. 少归纳、缺推理，阻碍了学生思维品质的提高

批判性思维是思维中最高级也是最核心的能力，一定要把它摆在思维品质和思维能力的领域来考虑。

批判性思维的教学研究，要放在如何提升中小学生的思维品质和思维能力的这个大背景下来考虑。

虽然批判性思维这个概念来自西方，但是中国历史上从来不缺批判性思维，我们也要梳理一下中国的历史。早在两千多年前的春秋战国时期，“百家争鸣”中就充满着批判精神。中国传统文化是儒道释结合的，文化能够传承下来，就是批判融合，再批判再融合，各家之间也互相批判。例如，对朱熹这样的儒家宗师级人物，明代大儒王阳明对他也进行了批判。

我们在教育领域提倡批判性思维，主要是让学生养成批判性思维的习惯，具备这样一种能力。

西方科学出现了以后，主张逻辑思维——形式逻辑，离开了形式逻辑根本就没有理化学生；还有一个叫实验科学——实证，谁说不行就拿出证据来。

我在参与一些师资培训、评审的时候，发现不少老师上课时形式逻辑的漏洞很多，不能自圆其说。因此概念的界定、形式逻辑的思维、辩证逻辑的思维，是缺一不可的。

比如教学中教师大量用的是演绎思维，很少用归纳思维。演绎和归纳是两条路，归纳是从个别到一般，演绎是从点到面。

批判性思维要在掌握真凭实据的基础上展开，否则怎么批判？批判什么呢？

批判不是否定，批判是在原有的基础上使好的发扬光大，使不足得到克服。思维方法确实要突破，批判性思维培养的目的是提升学生的思维品质和思维能力。有这样一个扎实的基础，批判性思维就能得到正确的运用。

3. 追求标准答案的语文

我有个学生是报社的记者，她的孩子上小学二年级，做练习时写道“水很活泼”，老师打了个叉。

他妈妈说：“你是对的，不要改。”小孩子非要改，哭了，因为扣掉了两分。他妈妈没有办法，只好叫他照标准答案改。这要的是两分，毁的是孩子的灵气。

“水很活泼”，多好的句子，尽管孩子不知道用了什么修辞手法，但他的观察、他的感受是多么灵动啊！我们就在追求标准答案的不经意中把孩子的创新能力扼杀了。

所以我们在进行教学实践的时候，一定要弄清楚语文学科的性质与功能，语文应教给学生什么；一定要弄清楚什么是批判性思维。批判性思维是个好东西，但不能乱七八糟地去贴标签。

在进行批判性思维教学的时候，千万不能够绝对化，要开放、多元、互动，不断有新的发现。希望以这个思维的方式为切入口，能够突破语文教学的现实困境，打开一片新的天地。

二、关于如何读与读什么

阅读是一种心智锻炼。读现代人的书，可与同时代的人作精神上的沟通交谈；读古人的书，可继承古圣先贤的精神遗产。读书可以享受或吸取学问家、思想家多年的思想成果，是青年学生获得知识涵养的最重要的途径之一。

阅读的量与质直接影响学生心灵发育的状况。有人如此判断：一个人的阅读史就是他的心灵发育史。此话寓意深刻，一点不假。

然而，由于较长时间注重应试教育，所以育分不育人、求学不读书的现象比比皆是。说的是素质教育，行的是应试教育，对分数顶礼膜拜；说的是阅读重要，行的是题海战术，对考点奉若神明。

在功利氛围浓重的情况下，要破解阅读教学中的难题，是要有点勇气、执着精神的。

首先是勇于直面学生阅读状况的现实。尽管上海市语文课程标准规定，三年高中课外阅读量不少于 300 万字，事实上与此相差甚远，有些只读片段，只做题目，不读全文。教材阅读量又有限制，每册仅六七万字。

阅读贫困，何来文化积淀？何来视野？何来识见？何来语文素养？

阅读量不足显而易见，阅读的质、阅读的方式也令人担忧：低水平重复，在文字表面的“浅阅读”，从应考派生出来的机械化阅读模式等，对学生心灵的滋养不仅无益，而且在有意无意间产生负面影响。

1. 阅读杂文佳品

杂文是作者思想根基与文化底色的生动反映，文字特色鲜明，尺幅能起波澜，千字可兴风雨。学生坚持阅读杂文作品，内心在受到思想穿透力冲击的同时，思维方式可以获得锻炼，还能享受到激浊扬清、正本清源的快乐。

2. 阅读经典

经典是历久弥新的人类精神世界的精华，自然的魅力、社会的奥秘、生命的密码、人生的智慧均寓含于字里行间，能从不同角度、不同层面给人以无限的遐想和不尽的启迪；组织学生切实读几本经典，不是附庸风雅，不是装门面，而是静下心来，以读促写，以写促读，来回数遍，从中吸取养料，滋养心灵。

学生阶段以此作人生的奠基，认识社会，思考人生，追求高尚，憧憬理想，终身受益。

3. 阅读“万字时文”

徘徊于精巧的“心灵鸡汤”式美文的阅读，学生写作不仅容易模式化，更容易视野狭窄，胸中无时代风云激荡，无多彩文化滋润。

精选“万字时文”组织学生阅读，上百万字的佳文进入学生的眼帘，进入学生的心田，让他们的文化视野得到大大开阔，思维力获得发展，理解和运用语言文字能力于潜移默化中获得提升。

4. 阅读古典诗歌

优秀的古典诗歌不仅是炼字炼句的高标，更是抒写生命的本真、人性的本色。引领学生进入此瑰丽的宝库，他们会从驰骋的想象、充沛的感情、鲜明的形象、深邃的思想和音乐般的语言中，感受到优美、动人、鼓舞、力量。

诗，像种子一样，有一股顽强的爆发力。好的诗歌破土而出之后，会和芳香的空气融合，长久地弥漫大地。组织学生读诗，不仅披文以入情，而且引导学生由情而入“理”，以“理”的观照，突破“情”的个体局限。

古典诗歌思辨性地阅读，别有一番生命感受与心灵体验。阅读诗歌作品，单是选择就需花费大量精力。博观才能做到约取，其中的筛选、剔除，要有眼力，有见识；不仅作品本身要反复比较，多方衡量，更为重要的是学生健康成长在情感、态度、价值观等方面内在需求这把标尺。

既尊重今日学习的现实，又瞻望明日长足发展的需要，铺几块扎扎实实的基石，让学生今日走得稳当，明日更能大步前行。这种坚持不懈的阅读实践，支撑的是教师对学生生命成长的热切期盼，对莘莘学子的仁爱之心。

希望以书为伴的美丽风景线辐射更多的学校、更多的学生。

李镇西说

于细微处看于漪

一个人的风范更多的是从细节处显现出来的。

前年4月，我请已经90周岁高龄的于老师为工作站的老师作过一次报告。这次，我想将于老师的演讲录收入书中。于老师当时是即兴演讲，两个多小时她一直激情澎湃，滔滔不绝，让我们非常感动，很受启发。

至今，我们的老师还记得她的一些金句，比如“我们身上一个肩膀挑着学生的现在，一个肩膀挑着祖国的未来。”

但因为是即兴演讲，她就没有稿子，连提纲都没有。工作站老师当年的记录也是一些零碎的连珠妙语，显然不能作为演讲稿。

怎么办？春节前我给于老师打电话，她说“的确没有稿子”，但她同意我选一篇与那次演讲主题相同的文章，作为演讲稿收录书中。于是，我通过朋友程红兵找到了一篇她的文章。

昨晚，我又拨通于老师家的电话，接电话的是她的儿媳妇史老师。史老师说于老师身体不好，已经早早入睡了。她请我加微信，让我把文章发给她，她明天给于老师看看。

今天上午，我刚到单位办公室不久。史老师从微信上发来了于老师写的一封信——

李镇西老师：

您好。身体极差，早就睡在床上了，未能接您电话，请原谅。

发的拙文已看，好像是《语文学习》组织的论坛上的发言。事先未通知发言，是临时即兴而讲，无发言稿。如您要用，请改一个字：在阅读部分“育书不育人”的“书”改为“分”即可。

致礼！

于4月1日晨

比起以前我收到的于老师的亲笔来信，这封信的字迹明显不如过去工整，可以想象这是于老师用衰弱无力的手一字一字写成的。突然想起，她说过她的手写字困难。我又想到，昨晚我在微信上问于老师的儿媳史老师“于老师的身体如何”时，她回复我：“就是年纪大了，浑身疼痛，晚上睡不好，双腿严重抽筋。前天到医院去看病，医生让她住医院，她也不肯住。”

然而，今晨醒来，于老师不但认真读了我发给她的文章，而且还认真地给我写回复。

每一个字，都浸透着真正的大师的真诚、严谨、谦卑，令人肃然起敬。

几十年来，作为中国改革开放以来最有影响力而获荣誉无数的教育家，于漪老师关心过无数年轻人，也影响了不止一代年轻教师。我并非她的嫡传弟子，只是众多受她教诲的普通教师而已，但二十多年来，她对我的关心和提携却让我感动。我至今保存着于老师写给我的每一封信，每封信上都写满了爱和期待。

此刻，我再次阅读这仅有 123 个字的短信，却体验到了其中无尽的内涵，不禁热泪盈眶。

于漪老师，之所以是我心中的大师，恰恰是因为她在这些细节上呈现出的风范。

作为晚辈，需要向于老师学习的，远远不只是学问……

每一个汉字都能为自己的成才做无罪辩护

文化学者　流沙河

我小时候，家是在一个县城，距离成都只有几十公里。我的家本来是一个大家庭，后来伯伯叔叔又分成了很多小家，但都在一个大院子里住。我们这个大院子里，有一个仆人，当我还是个小娃娃时，他都已经老了，60 多岁了。他是我祖父年轻时候雇用的仆人，他看着我的父亲、伯父、几个叔叔从小娃娃一直到长大，所以他在我们余家院子极具权威。

我小时候，经常被他骂。他最愤怒的一件事情，是诸位想不到的，就是我们小娃娃把写有字的纸丢在地上，揉成一团。他看见了就要大骂："长大了你眼睛要瞎，你把字纸拿来丢！"小时候我实在是不懂，为什么白纸可以丢，写了字的纸丢了眼睛就要瞎？

这位老仆权威到什么程度呢？不但我们怕他，我的父亲、伯伯、几位叔叔也都怕他。他来的时候，我的这些长辈都还是学生娃娃，他看着他们怎样读书、怎样逃学、怎样挨打。所以他经常把上一辈人不听话的事拿来教育我们。凡是把字纸丢到地上的，他非要你捡起来。还是小娃娃的我们就觉得这世间很奇怪，后来进了学校，才知道了原因，才不再觉得奇怪。

我们那个县城有个大地主，姓何，虽然他有几百亩的田，但是他一字不识，非常俭省。他整天做些什么事情呢？他每天上午背个背篼，这背篼是用很细的竹丝编的，相当高。他用一只手拿了个竹夹子，就到街上去了，一旦看到街上丢有字纸，就用竹夹子夹起来放进背篼里。他又不识字，但就是专捡字纸，碰到上面没有字的，他还不捡。尤其是看到街上丢有报纸，哪怕是撕烂的一个报纸角角，他都要赶快夹起来放进背篼。

每天他都这样，上午出去一次，下午出去一次，捡字纸。捡了之后，他就到南街上，有一个地方，远远看着是个塔，就像我们今天在文殊院里面看见的那种塔，当然要矮得多，这个塔叫字库。我们那个塔比大慈寺门口那个字库高，有三个那么高。他把捡的字纸从塔下面丢到中间专门烧纸的那一格，把它烧了，所有的字纸都要焚烧。他那个背篼上，用墨写了四个大字，叫“敬惜字纸”。

他平时不怎么说话，有一次他从县政府门口过，上面贴有布告，时间久了，风吹雨打，就破了，掉了一缕下来。他看到那缕字纸，赶快就把它捡起来。结果衙门口那些人，旧社会叫“差狗儿”，就是里面的杂役，他们就敲诈他：“何大爷，你把公家的布告撕了，脱不到手哦!”要喊他赔钱，他就吓着了。他又不识字，也弄不清楚这个，又没有势力。你们不要以为有几百亩田就有势力，我们小娃娃喊他都喊“何矮子”。他矮得很，发育不健全，眼睛又不好，没有人尊敬他。是因为啥呢？他没有权。旧社会崇拜的是官，他一个地主是有钱，但不当官等于零，喊赔钱就只有赔。他为人老实，每天他就是这样做的。这些都是给我一辈子深刻印象的。

后来我到成都读书，那时候学校的正门在五世同堂街，现在的正门改到红星路那边去了，就是后来的二中，现在的北师大实验中学。20 世纪 40 年代，我在那里读的书，那时候叫省立成都中学，又叫省中，是成都四大名校。省中第一，石室第二，树德第三，成都县中（青龙街，后来的十三中）第四。与五世同堂街挨着的一条街，叫惜字宫南街。

有一年修街，要把这些名字重新恢复，街道办、居委会这些人已经没有“惜字”这种概念了，所以把那个街名牌写成“惜子宫南街”，把“字”的宝盖头写掉了，引起笑话。你看，几十年时间一变，那些管基层的干部连“惜字”都不知道了，也没有人去问过，这条街为什么叫“惜字宫南街”。其实过去这些街取名字，是取得非常好的，它不是图好听，而是便于后人考证。既然这条街叫“惜字宫南街”，它一定是在一个叫“惜字宫”的地方的南面。

什么是“惜字宫”？又是怎么一回事呢？

“惜字宫”是一座庙子。这座庙子在哪条街呢？就在今天惜字宫南街向北正对的庆云南街。庆云南街从前就叫惜字宫街，就是因为这里有座庙子叫“惜字宫”，它在哪里呢？就在《成都日报》报社里面。这座庙子跟惜字有什么关系？经本人考证，在唐宋两朝，这座庙子叫仓颉庙，就是发明文字的那个仓颉夫子，这座庙子里面供的是他。

这座庙子当时啥样？后来我看书上记载，说惜字宫供的这个仓颉夫子，文字就是他创造的，所以要崇拜他，就给他塑了个像。历史记载，仓颉的像有四只眼睛。这又是什么意思？反映了古人是怎样看待仓颉这个人的。古人认为，他一个人就创造了这样多的文字，他肯定是观天法地，环视四方，天地四方六合都要被他观察完，两只眼睛不够，所以变成四只。唐宋两代就是这样看的。

我讲这些，就是想说，几十年前的中国人对于汉字，对于古文字，对于创造文字的仓颉夫子是怎样看待的。仓颉夫子的地位非常高，庆云南街那里是“仓颉庙”。左边是四圣祠，这也是庙，供的四个圣人，孔夫子的四个学生：子贡、颜回、子路、曾参。四圣祠和仓颉庙并排，可见仓颉夫子的地位。

中国历来都说，文字是仓颉造的，但也有人说是两个人造的：史籀、仓颉。他们究竟是哪个朝代的人，传说是黄帝时期的。正规的儒家是不说这个的。孔夫子的著作中就从来不说什么炎帝黄帝，因为在他们那个时代，认为这是神话，不是历史。如果硬要把神话说成历史，那么中国的历史倒推到尧舜，4300年；如果说炎黄，再往上一点，最多不过4500年。这个时候若创造了文字，但是出土的真实状况，红山文化和山东的城子崖文化已经挖出了很多陶片，陶器的残片上面就有文字。其实也不能断定它就是文字，它也可能是一种符号，距现在6000年；如果它是文字的话，那4500年轩辕黄帝时期才创造文字就是绝对不可能的。所以说，史籀也好，仓颉也好，都没有这个人。

文字究竟是谁造的？以我们今天的常识推断，不可能是一个人创造的。中国古代历史上，把史籀和仓颉推为首创文字的人，是根据想象，并不是根据确切的历史。因为他们是哪个朝代的，你都说不清。

但这种想象又有一定的根据。古代的人没有姓，以职官为姓，名叫“史籀”的这个人，显然是掌管历史的记录员，凡有政权的国王，就要有一个人记录，不然国王讲的话无法记下来。“史”就是做事情的“事”，一个字，今天做的事，过几天就变成“史”了。史籀，就是个记事员。“籀”是什么意思呢？是个动词，作书也，写写画画就叫“籀”。所以这个名字是后人想象出来的，想象这个人一定是国王身边的记录员，他经常写写画画。那么仓颉呢，也是想象出来的。“仓”也是职官，他是国家库存保管员。如果说古代能够创造文字的人，只有这两种人，一种是国王身边的记事员，一种是国王仓库的管理员。“仓”是个职业，“颉”呢？低头叫作颉，抬头就叫颃。所以《诗经》里面有一首《邶风·燕燕》：燕燕于飞，颉之颃之。

那么，头低下来干啥？思考。我们有时候记什么东西都是低下头来记的。那么这就更能推断，这个名字是后人想象出来的。就说这个仓库管理员，一天到晚埋头在计算，今天来了多少大米、多少小米。因为你要记这些品种，一定要有文字，你要记数量，一定要有数字。同样一个记录员，你要记录今天朝廷上发生的事、国王说的话，一定就要掌握文字。所以后人说是这两个人造的字，是根据常识推断的。我看这种说法是富有理性的，是合理的推测，但是究竟是谁创造的，这是永远无法考证的。文字绝不可能是一个人造的，绝不可能是在某一个朝代突然就造出来了。

我们的这种文字，与欧洲古代的某个帝王发明的拉丁字母、英文字母不同。那些字母只有 20 多个、30 多个，可以一次性造出来。汉字这么多，常用的有 3000 个到 4000 个字，《说文解字》收录的是 9000 多个。我们一个普通人能掌握 4000 个汉字，就能够阅读报刊。这怎么可能是一个人造的呢？如果是一个人造的，为什么那么多人都来接受？这就证明文字的产生过程，是很漫长的。

我们现在能够看到的是 6000 年前的陶片，但是你们注意，陶片上的文字跟甲骨文不同。甲骨文是一篇一篇的，几个字组成一段文本；而陶片上的文字是零散的，组不成文本。所以人们推测，可能就是符号。任何文字，可能最初都是从符号来的。文字发明以后，人类的文明反过来加速，文字的产生必须是到了某一种文明程度才行的，而一旦产生后，反过来的影响大得很。所以古人认为文字伟大得不得了，因为他们难以解释清楚，也没法去考古发掘，所以只好想出“仓颉造字”的神话。人们虽然不知道文字究竟是谁发明的，或许根本就不是某一个人发明的，是前后不知道若干年慢慢积累起来的，这种文字就具有神圣性。人类清清楚楚地了解到，有了文字以后就有了历史，有了历史以后才叫文明史！“文明”放在这里只是一个形容词，但是给历史定义的那个“文明”是有了文字记载以后，才能算文明。所以古人认为文字伟大，说自从仓颉夫子发明了文字，就“天雨粟，鬼夜哭”。

雨，作为动词用，下雨，正在下。粟，是小米。就是说人类发明了文字以后，上帝嘉奖人们，把小米从空中下下来，人类从此好过好日子。“鬼夜哭”呢？仓颉发明了文字以后，每天夜晚听到各个地方的鬼在哭。为什么哭？本人的解释是，光明时代到了，黑暗时代结束了。我想古人也是这个意思。所以文字得到这样的重视，让它富有神性，这和任何拼音不同。古文字是一个一个造的，拼音文字是只造字母，把音写出来就是了。

举两个例子。我们吃饭的米，这个“米”字该怎样造？英语很简单，rice；还有豆子，胡豆、豌豆的“豆”字，英文是bean。汉字里面，这两个字要如何造呢？太困难了。

从前的华北平原、黄河流域，那里所谓的米，不是今天我们吃的大米，是小米。去看北方农民，把小米收了，拿回来到晒场上，拿根棍子敲，敲了，它就一颗颗地落下来了，连带着壳壳，然后放到石舂里面舂。所以汉代的民谣叫：“一尺布尚可缝，一斗粟尚可舂，兄弟二人不相容。”舂了过后，要弄到筛子里面筛，一筛，小米就从筛子眼儿里面漏下去了，面上这层壳就倒了。米字就是这样造的。因为小米实在太小了，他就画小米怎样过那个筛子，只是那中间只有一根经线、一根纬线，有四颗小米从网眼儿里面漏下来。

你看古人这样造，好聪明啊。他们的这种思维方式，这种反映事物所掌握的一种办法，就叫象形。

我们今天吃的豆子，“豆”字是这样的。

我们用的很多字都是借来的，这个“豆”字就是。《诗经》里面有“卬盛于豆，于豆于登”，句子里面这个“豆”是一种容器，高脚杯，是祭器，用于祭祀自己的祖宗和神灵，把一些肉渣渣装在“豆”里面，端上去。我们今天是借的这个字，而豆的本字是这样写的“尗”，如果加个“又”，就是叔伯的“叔”。

“尗”的古音就读dòu，而今天读shū，这是古今音变。“尗”就是豆科植物。所有的豆科植物不是一开始就长叶子，长出来就像豆芽儿一样，就两个瓣，而它的趋光性，向着一个方向，这就是从地平线上冲出来的；地平线下是根，这两点是根瘤，所有豆科植物，它的根须上都长了这样的瘤，吸收肥料。所以他这样造，你就知道这是豆科植物，不是豆科植物的还不长这个。

北宋的黄庭坚有意为难他的朋友，送了一件礼品。信上写：给你送上“配盐幽尗”。这个名字非常古典，朋友想，究竟送了我什么？“幽尗”就是豆豉，“配盐”就是咸豆豉，送了两块咸豆豉就是“配盐幽尗”。这就是最初的古字，最初的“豆”字就是这样造的，但是不怎么用这个字，后来干脆就用了个白字，把那个作祭器的“豆”字借来做豆科植物的“尗”字。汉字里面有大量的这样的情况，并不是它的本义，是借来的，但是造这些字也极不简单。

我们讲的“文字”，什么叫“文”？什么叫“字”？文是文，字是字，这是文字学的开宗明义，是两种东西。

如果按照我们今天的要求来造，永远造不出这个“文”字，文学也是文，文化也是文，一个人的作风斯文也是文，怎样造？远古时代的文，就简单得多。远古时代所谓的“文”指的是“文身”，狩猎时代基本上上半身都是裸露的，都要在胸口上画一个符号，那时候的人分各个部落、各个氏族，各有各的狩猎范围，弄不好就要打起仗来。因此每个成员出去，一定要把部落的符号画起，彼此可以认到，区别敌我。最初文字的本义，就是身上的纹身，叫“文身”。

那么，怎么从“文身”到“文化”（culture）这个概念？古人认为，“文身”是了不起的历史进步，因为在此以前，人没有“文身”，氏族制度还没有形成，部落还没有形成，完全是远古时代群落混合。后来分了氏族后，发现这些人混在一个部落里导致后代尽是遗传疾病，恍然大悟，亲族之间不能通婚，于是自然就形成了氏族。氏族之内，男女不得通婚；要找配偶，必须找另外一个氏族，这叫族外婚制。《左传》里面说“男女同性，其生不蕃”。

人类社会知道要把氏族部落区分开来，为了具体体现这个区别，各人把各人的符号画起，人类社会一大进步，所以“文身”这个“文”后来引申为文化。后来虽然不“文身”了，但仍然用这个“文”字，而且后来这个“文”的意义越来越广。古人认为，他们这样是进入文明的开始，“文身”的“文”就是这样来的。

那“字”又是怎样来的呢？“字”最初的意思是啥呢？是家中生娃娃，就叫“字”。《易经》说“女子不字”，就是说有妇科病、不生娃娃，就叫“不字”。说“三年乃字”，哦，又过了三年，生了娃娃了。这个“字”画的就是家中一个子，添人进口就叫“字”。那怎么会用到“文字”上来呢？

因为最初造的这些文，象形文，造到后来觉得不够用，把两个文组合起来，产生了新的意思，像把男女结合起来产生个新的奶娃儿一样，所以叫作“字”。我们今天所有的汉字，除了少数的文，都是字。所谓的文，就是不能再拆开了，已经是最基本的单元了，比如这个“文”，你就不能够拆，少了任何一笔都不行，拆开就不成字。如果用几个单元零件组合起来，它就成为字了。

比如李老师这个“李”，是文呢还是字呢？“李”是两个文聚拢来的，上面那个“木”是一棵树，底下那个“子”画的是个娃娃，“树”是文，“子”也是文，两个文聚拢来变成“李”。如果你要追根究底地问为什么一个木头底下一个娃娃就是“李”呢？这就超出了文字学的范围，涉及音韵学了。这个“子”，我们今天读的是 zǐ，但远古时代不读 zǐ，而读 lǐ，姓李的李。从木，上面的“木”构成它的字义，是一种树；子声，这个字的声音要读“李”。为什么“子”要读成“李”呢？直到今天，儿子的儿，就是子，古音就读“李”，这是男娃娃、女娃娃的那个“妮”，还有人读 lǐ。反正小娃娃的那个音，都读 lǐ。

那么李老师的这个“李”字，《说文解字》的标准解释是，从木，所谓

“从”，就是构成这个字的一个要素；它的意义一定是指某一棵树，这棵树底下的音，就读“子”，lǐ这个音，对了，这就是“李”。所以顺便说到，中国这么多姓李的，姓李的占中国汉族人口的百分之八，近一亿人姓李。有人说这是唐代的皇家姓氏。但是战国时期就有好多姓李的了，古代早就有了，岂止才唐代呢？这就涉及古代史了，商朝的贵族姓“子”，就是儿子的“子”，“子”的古音就读“李”，这就透露了为什么直到今天中国都有那么多姓李的。当然，这个就是文字学以外的了。

汉字中间，任何提一个字出来，你都会觉得非常奇怪。比如李老师负责的你们这个工作站相当于“李镇西博士工作室”。我们就拿“工作室”这三个字来说。这三个字就非常简单，要说出个道理，“工”字怎样造？“作”字怎样造？

最早的“工”，完全不是我们今天用的工业这个“工”，意思不是这个意思。当初的社会很原始，初级阶段，哪有后来的那么多工业，但是“工”字早就造出来了。古代的“工”究竟是什么意思？这个字的古音，读“杠”，gàng。《孟子》书上说“十一月徒杠成”，孟子说行仁政，每一年到了阴历十一月，政府一定要负责把独木桥搭起，免得老百姓光脚板儿踩水，把脚冻坏。因为华北平原气温低，十一月份已经非常冷了，所以孟子在谈如何行仁政。夏天都不存在，你不搭独木桥，蹚水就过了，到了十一月入冬，一定要把独木桥搭起，独木桥就叫“杠”。《孟子》书上叫“徒杠”，就是光有一个杠在上面，就是一根木料搭在上面。这个“工”就是杠，就是象形，一根木头搭在两岸，就这么简单，最初所谓的“工”就是这个。

你回想一下，人类社会的工业建设，最早的就是搭建一个独木桥。你马上会醒悟到，这么简单的一个汉字，还包含了这么多的古代历史，甚至连工业是怎样产生的，工程完工，都是这个“工”，最初就是个独木桥。一个独木桥还是要有“工”哦，就是说要把树砍了，皮剥了，圆的一边要推平，然后在河的两岸，要用石头砌，然后才搭上去。最早的工程，也不过就这样一件事情。所以这个“工”字，使我肃然起敬，它居然把我们祖先的历史包含在里面了，我们天天在使用它，“工作”“工业”等用的都是祖先造的这个字。

那个“作”字呢？它的甲骨文的写法，是会意，是个什么意思？一个尖角，把有些东西放在里面，上面施以压力，一压就流出来了，榨油。那个“乍”字，实际上画的是榨油，但它又不是画的整个榨油设施，就根据那个意思去揣摩，假设一个空的角锥体，把那些菜籽放在里面，上面再用一个角锥施加高压，那个油就从底下呜呜流出来了。“乍”字的意思就是榨，那么所谓工作，最初就是指的榨油，作就是“乍”，就叫作坊。所以你们今天说“工作”，你们都想不到你们和榨油匠有关系。

“工作”两个字就可以证明，中国的古文字实际上是把古今连在一起了。至于工作室的“室”，那就很简单了，一个房子就叫“室”，里头那个是声符，就是“至”，“至”的古音和“室”读音一样，就是一个房子，音就读“至”的音。那个“工”和“乍”一笔都不能拆开，拆开了就不成为字，是最基本的单元，所以它们就叫文；而“室”是由上面一个宝盖，底下一个声符，“至”音读 miǎn，两个部分构成。这就是“工作室”。

这个世界上有那么多种文字，那么多个民族，有的一个民族有一种文字，有的几个民族共用一种文字，到现在还在用的，属于象形文字的，只有中国一个。全人类都经历过从符号到象形的阶段，后来嫌象形文字太麻烦，不利于书写，发明了拼音文字。拼音文字是个非常了不起的发明，只需要把那最多 40 多个字母记住，就能拼写，很快就能掌握。比如英语 26 个字母，根据拼音就可以写出来，当然单纯根据拼音会写很多别字，但是至少就可以写出来，读出音来。

象形文字最大的特点就是保留了活化石，把古和今联系起来，而且这样的文字有亲和力。特别是读书人，读了文字学的，一看见文字就有丰富的联想。比如看到“工”字就会马上想到独木桥，看到“作”字就会马上想到古代的榨油。还有一个字，就是作为的“为”，也是非常奇妙的。

这个“为”，也是经常用的一个动词。青城县的彭端淑写的一篇短文叫《为学示子侄》，读书做学问就叫“为学”，就是要去做。“天下事有难易乎？为之，则难者亦易矣；不为，则易者亦难矣。”这个“为”字包含的丰富内容，古人令我肃然起敬，包括了古代地理学、气候学。几千年前，黄河流域，水草丰美，植被茂盛，冬天不冷，所以古代的黄河流域有大象。只是后来大象从黄河流域消失，现今要在热带才有大象。当时华北平原就有很多大象，“为”字就是专门为这个造的，画的是一头大象，长鼻子。驯象！把野象驯成家象，就是一种作为，连那个字都是这样写的。

古代的耕，古代农业最早不是牛耕，而是两种，一种是象耕，一种是鸟耕。大象耕是怎样耕的？我们在东南亚至今都还看得到，把田里灌上水，人牵着大象下去踩，大象在田里走过去走过来，下头又有水，大象一踩，就把泥巴翻动了，硬的田就变得软了，然后就在里头插秧。鸟耕是什么？鸟耕就是雁鸭类越冬时在田地中捉虫、啄食草根，起到疏松土壤的效果，为古人种稻创造了适宜的条件。鸟要在田里面找那些虫，嘴巴不停地啄，脚不停地踩。牛耕都很晚了。所以象耕的事实在中国已经找不到了，但象耕的历史都还在，就在“为”字里面。所以我情愿多写几笔，不写那个简体字，那个什么故事都说不出来，并没有包含历史真相。我们这个文字之所以能延续下来，是因为中国人经常意识到古人在我们前面，还没有多远。几千年，这样一种文字很容易形成一种民族心理，最后变成今天的汉字。

欧洲那么多国家的文字，比如法文、德文、英文，这三种文字彼此间的距离还远远小于我们跟上海话，我们跟广东话。学过法语的就知道，好多读音都跟英语差不多，德语也是。我们四川话跟广东话有点共同语。汉字的一种奇特的作用，就是把14亿人一下就黏得很紧。而一旦废除汉字，中国人马上就会分裂成很多派，所以保护好我们的汉字尤为重要。

当初在清朝末年，那么多先进知识分子，因为痛感中华民族太弱，国家太无能，需要改革、反思，反思过去反思过来，说人家那些国家扫盲那么容易。所以清朝末年，福建省有一个官员，给中央上了一道奏折，要求废除汉字、改用拼音文字。这个还是在清朝末年哦，就已经有知识分子这么说了。国民党的元老，被认为是极右派的吴稚晖说的，汉字是世界上最肮脏龌龊的文字，应该丢到茅厕里去。在这股持续半个世纪的废除汉字的思潮中，很多人都是立张废除汉字，代以拼音文字。我没有其他意思，我没有资格去骂他们。像我们绝不敢那样写，但是他们的主张不可采纳。

你好生想，一旦用了拼音文字，老师实地去教人家《诗经》咋个教？把《诗经》全部弄成拼音文字，你“关关雎鸠”，用哪个关呢？当官的“官”吗？关人的“关”吗？戴帽子的“冠”吗？表示两只眼睛到处看的“观”吗？到底是哪个？就没办法讲了，你“关关雎鸠”，学生理解，是不是喊去看一看那个斑鸠哦？或者说，是不是要把那个斑鸠关起来，不要它在外头跑哦？

汉字究竟有什么好处，中国人至今不知道。到了联合国秘书处，一下就知道了。联合国有十几种工作文字，每一个文件，哪怕出一个通知，都要用这十几种文字同时印出来。这些文字有英文、法文、德文、阿拉伯文、西班牙文等，也有中文。翻译出来最薄的一本就是中文。汉字是最节约纸张的文字，同样印成一本书，人家要50页，译成汉文的只要30页，这还是白话文。

每一个中国人内心都知道，为啥中国人走到天南地北都能够和当地人沟通，能够看当地人写的东西就交流了，就是汉字。如果用方言就没有办法了。

汉字，原来说的要废除。从20世纪50年代起，政府就做好了准备。比如说《人民日报》那个报纸，报头上“人民日报”四个字底下就有拼音文字，Renmin Ribao；“四川日报”四个字，Sichuan Ribao，也都有这个拼音文字。因为我是研究文字特别敏感的人，突然看到，哎呀，好喜欢哦！别人也不晓得我究竟在喜欢啥子，看我看到报纸就喜欢，就以为报纸上是不是有啥消息，要给我们右派添钱了？结果一看，又没得那些新闻，不晓得这个老家伙在喜欢什么。就是这个，把拼音悄悄取了，因为执政者醒悟了，知道一旦要那样做，其效果对老百姓来说没什么，但对他们却是极其可怕的，中国一下就有十几种外语。

所以这个汉字，不是我站在保守立场替古人辩护，执政者自己都悄悄取了。原来说的简化字是什么意思哦？中央的文件写得很清楚，现在的保守势力多得很，突然喊他拼音化了，对革命者来说没问题，马上就接受，有些保守顽固分子就这儿不安逸那儿不安逸，我们就来个过渡。咋个过渡呢？就用简化字嘛。先是宣布第一批简化字，把有些字笔画减了，又来第二批，还打算以后第三批就减得更多，然后第四批继续减，减到第N批已经不像个字了，突然宣布：废除！等于那个犯人，不要一枪把他打死，先把左脚砍了，再把左膀砍了，再把心子给他挖了。是要挖心的嘛，你们看那个“愛”字，不是把“心”都挖了么？爱是心的活动啊，把“心”挖了变成个“友”，是男朋友嘛女朋友嘛？家庭爱、父爱、母爱，结果也是“友”，夫妻之爱，也是“友”。这就是简化字。

蔬菜的“菜”，都要嫌它。都宣布了，“菜”字要那样写——一个草字头，一个才。嗨呀，所以人不要有才，有了就变成人家一份儿菜了。太滑稽了，造个字这样造的。他们就没有想到，把“菜”字废除了，太可惜了，因为最早的时候，“菜”字没有草字头，只有“采”。“采”是什么意思？一个手，一个木，树上有一只手。大家都知道一种东西，椿芽儿。采，就是摘椿芽儿，树子尖尖上，用手就给它摘了。北方人不止吃这个，华北平原到春天的时候严重缺乏蔬菜，现在好了，有高铁啊空运啊，但在几十年前却没有这些。四川人到北京去，那时候老作家沙汀在中国作家协会，去的时候都要给他带青菜脑壳，北京春天没得这个菜。华北平原每年春天看不到一点绿色，更不可能有蔬菜，唯一有的就是柳芽、榆芽、椿芽，杨柳出的嫩芽，北方人是要吃的，摘下来一大碗。榆树的嫩芽也是要吃的，椿树的芽摘下来也很好吃。所以这个“菜”字千万不要被废除了，不然将来的娃娃就会认为，菜就是我妈天天从市场上提回来那个，他就只知道菜是从市场上来的，多余的就不晓得了。保留着这个“菜”字，你可以告诉他，我们的祖先吃柳芽、榆芽、椿芽，还有很多，甚至我们喝的茶都是采的茶树芽。“菜”字的写法，保留了我们祖先的生活形态。

今天电脑已经普及了，对于用电脑书写来说，繁体也那样，简体也那样，又不书写了，那何必呢？我至今是电脑盲，我连手机都打不来，听见我们屋头女主人的手机响了，嘟嘟地响，我就慌了，喊：“快点来！”我接不来，摸都不敢摸。对于电脑，我是因为眼睛坏了，情有可原，不然我早就去学了。学了电脑有好处，这个石老师知道，有时候我说还要到哪里去，他马上拿出手机，去就查到，三分钟，方便得很啊。

对于现代电子书写工具来说，简化字没什么意义了，因为人们都不写字了，只有我还在写。而且我用的笔是派克笔，要用好的墨水。昨天，前天，我都到我们那些小街道去买，人家说，谁还在卖啥子派克墨水嘛，又贵，没人要。哦豁，我就想，这下都把我排斥了，我连墨水都没得了，只剩下点点，慢慢蘸着写了。这个社会不是为我们这种人设计的，是为诸位年纪轻的、玩电脑的设计的。既然电脑普及了，简体字就没好多道理了，所以按照我个人的主张，我们应该恢复正体字，就是，各位要学会写繁体字。

因为我们跟繁体字断了几十年以后，有时候就会发生种种问题，要回去都回不去了。有回余光中给我说，你们那边江苏省，他有个亲戚给他写信，“余光中婊叔”，那“表”字有个“女”旁。他说，他为啥要写个“女”旁？我说，他想表明他会写繁体字，他以为加个“女”旁就是繁体。

这种简体字最荒谬的，可能各位都能够想到。各位家中有女儿大了，就要嫁人，那么你就有一个女婿。那个“婿”字是咋个写的？今天女婿的婿，全都都有“女”旁，你那个女婿是男人家的嘛！怎么会是个“女”旁呢？这就是简化字规定的。原来不是“女”旁，原来是“士”，“士为知己者死”中那个“士”。原来是三画，现在还是三画，啥子都没有减，硬是要把它改了。为什么是“士”旁？古代选女婿，要选读书人，读书人就叫士。正写的这个“壻”字反映了古代“和”的观念。你不管他这种思想正确不正确，但这个“壻”字就是活化石，留着这个正体字的“壻”，你就可以想古代人的观念，瞧不起人家劳动人民，这就是铁证。你给它换一个“女”旁，毫无道理，一切都讲不过。所以这个简化字，应该废除。

你不要说，你们这些老头儿就会写那些繁体字，对于你们方便。我告诉你，不是，我能够写一手的简体，保证全部是简化字，没有一个繁体。马上写完简体字，又写一手的繁体字，保证没有一个简化字。我两样都能够写，对简化字，有些我比你们还弄得清楚。简化字简化得之可笑，种类那个“类”，相当于英文的 kind。繁体字的“类”，底下不是“大”，而是一个“犬”，因为古人最初发现种类这个概念是从狗那里来的，狗中间的种类非常分明，你看藏獒、拉布拉多犬、德国牧羊犬，犬类分类最明显，所以种类的类，正体字写法是“類”，是个“犬”。简化字把右边给去掉了，左边也不完全保留，那一点，耽误了它革命的时间。米，大，类，你喊人家咋个解释？有个“犬”字，一讲就通了。

胡适的适，简化下来，跟孔子72弟子有个叫南宫适（kuò）的适，变成一个字了。将来的人去读孔门的书，那个南宫适（kuò）就要读成南宫适（shi）了。带来的这些麻烦，它完全不考虑。我当然不是说现在要把这些废除了，废除太麻烦了，你想全国好多学生哦，每一年那么多教科书。全部废除，另外来一个，光是这一笔钱数量不知道好大，而且弄起来，找不到那些编辑人才，今天好多编辑用的都是简化字，那一套复杂的字体，他们都不会写了。如果要恢复繁体字，就很麻烦。所以我认为，我们日常用，可以用简化字，比如写信、做记录、写日记、记账等，但是国家的教科书和政府的布告文件还是要恢复繁体字。这不是一时能做到的，可能要十多年二十年，从小学生一期一期的，语文课本慢慢改，而且改起来一定阻力大得很。这些我们都不管它，我们是老师，只按照教科书讲，我们心中要有数。

我们要养成对汉字的热爱，要相信只有使用这种文字才不会使我们民族越变越弱，甚至亡国。我们自己心中要有这个底。我们首先就要给学生做出榜样，对汉字有深厚的热爱。我们要教那些小孩子，凡是有字的纸不能够随便丢，就是没得字的纸也不能随便丢。我们应该要用其他的办法，使这些学生娃娃知道我们的汉字是有来头的，每个汉字都能讲出一个道理。我研究汉字这么多年，迄今为止，我敢跟各位老师保证，没有一个汉字我解释不了，都有它的道理。每一个汉字如果能够发言，都能为它自己的成才做无罪辩护！

李镇西说

大师的谦卑

我只是先生的一个读者，一个粉丝。我想谈谈他除了学问以外给我留下的一个深刻印象，就是谦卑的为人。

先生是公认的著名学者、文化大家，但他却虚怀若谷、平易和蔼。尤其是对需要帮助的人，他总是真诚相助。

退休后，我带了一批年轻教师，每月一次研修，围绕教育和教学读书、思考、写作，还互相观摩课堂。我曾请流沙河先生为团队的年轻老师讲中国文化。那次是在桐梓林小学，流沙河先生不顾年迈体弱，为我带的 20 多位年轻老师作了两个小时的讲座。一个大师级的学者，心甘情愿为 20 多个中小学一线年轻教师专门作讲座，这恐怕是不多见的。

后来我又招了一批年轻老师，想再请流沙河先生作讲座，可流沙河先生身体已经不允许他大声说话了。为了表示歉意，更是为了表达他对年轻教师的勉励，先生特意写了一幅字，让我转赠给老师们。当我去先生家取字的时候，他拿出条幅，一字一字给我念："知识讲透必然有趣，有趣必然有益。"还给我解释这句话的意思。然后他坐在沙发上，亲自将条幅裹成卷儿，然后用一张厚纸包好，最后还找来一根细细的绳子，将字幅拴好。他在默默地做这一切的时候，很认真，很细心。我无比感动！

十年前，我在成都市武侯实验中学工作时，曾请流沙河先生来为我的学生作讲座。在电话里向先生提出这个请求时，他毫不犹豫地答应了。我至今记得他对我说："你去郊外搞平民教育，为失地农民和务工人员的孩子办学，这是功德无量的事，我一定要帮你！"当时是冬天，我心里却暖乎乎的。那天他讲的是"从汉字看中国文化"，开始声音还比较弱，可讲着讲着他声音越来越响亮，而且情不自禁站了起来。看得出，他是从心底里热爱中国文化的。

但讲完后，先生的状态明显很衰弱，我搀扶着他慢慢走出会场。先生才对我说，他那天胃病犯了，中午饭都没吃。那一刻，我既感动，又内疚。

最近几年，我见过不少也算是有学问的教授、专家，其中不少人因为自认为自己有学问就牛气冲天，鼻子朝天，不正眼看人。像先生这样的学问很高，为人却很低的君子，当今中国不多了。

先生逝世已经一年多了。今天，我在重读这篇演讲记录的时候，不禁再次想到——

论学问我是永远赶不上先生了，但我愿意学习他的谦卑，学习他对普通人的爱心，这是对先生最好的纪念。

为什么要学习和践行苏霍姆林斯基教育思想

教育专家　吴盘生

2018 年是著名教育家苏霍姆林斯基 100 周年诞辰，他的故乡乌克兰，还有其他许多国家，包括中国、俄罗斯、波兰、德国、立陶宛、芬兰、意大利、英国、澳大利亚等国的教育同人，都分别开展了各种纪念活动，缅怀这位举世闻名的教育家。一位教育人，离世 48 年，仍然为世人追思、怀念，联合国教科文组织也参加纪念他 100 周年诞辰的活动，一定因为他给人类的教育事业留下了值得珍视的宝贵遗产。

事实正是如此。苏霍姆林斯基的诸多教育著作系统地传到我国，是 20 世纪 70 年代末的事。那时，正值我国改革开放起步阶段，给我们百废待兴的教育界吹来了和煦春风，送来了拨乱反正的思想武器。可以这么说，现在我们的许多教育工作者，就是一面读着苏霍姆林斯基的书，一面在教育改革实践和教育科学研究之中成长起来的。苏霍姆林斯基的著作既通俗易懂、贴近实际，又思想丰富、发人深省，让人读起来倍感亲切、获益良多。我国的教育同人十分欢迎，从心底里对他表示尊崇。至今大家都已公认正如“一位老师不知道陶行知他就不是好老师”那样，不知道苏霍姆林斯基的老师和校长也绝不会是好老师和好校长。回顾我国教育界改革开放四十多年的历程，在我国基础教育界，没有其他任何一个外国教育家能像苏霍姆林斯基那样，其著作和思想传播得这么广泛、深入而持久。特别需要指出的是，这一切又基本是在没有教育行政部门指令的情况之下发生的，实属我国教师大众的自发选择。对此，我国有青年学者称之为我国教育史上罕见的“苏霍姆林斯基现象”。

为什么会出现“苏霍姆林斯基现象”？为什么我国教师大众作出这样的自发选择？其间蕴含着怎样的道理？笔者以为，至少有如下三方面的理由。

第一，大家持久地尊崇苏霍姆林斯基，是因为他是社会主义教育领域中高举“我把心献给孩子们”这面大旗的旗手，他以自身圣洁的品格、崇高的品德和老黄牛般的教育实践折服世人，他本人就是一面献身教育事业的光辉旗帜。

当我们再度考察他 52 年的平凡而辉煌的人生轨迹，参观他创办的教育样板巴甫雷什中学，研读他被世人尊称为“教育百科全书”的鸿篇巨制，仿佛可以更加清晰地看清这位杰出教育家伟岸的道德形象：他那么脚踏实地地站在乌克兰的黑土地之上，捧着一颗喷发着崇尚人性的大爱之心，浸润着世界和祖国文化的丰富营养，又在苏联卫国战争的血雨腥风中得到淬炼——他拖着二级伤残之躯，以漠视富贵的姿态毅然弃官从教，从容走进满是残垣断壁的家乡学校——巴甫雷什中学，许下了“我把心献给孩子们”的庄严承诺。

他用社会主义人道主义思想支撑的内在温情，丰富着自己强大的内心世界，催生出澎湃的生命情感，并以积极的心态去观照由战争过渡到和平的艰难情景，感受大自然的生生不息，感受人世间的悲欢离合，感受孩子们对未来的憧憬。于是他迅速在丧妻失子的巨大悲痛中涅槃，不屈不挠又大彻大悟地参悟人生价值，认清自身的价值与前程。

他沐浴于乌克兰巴甫雷什中学的乡村孩童世界，无怨无悔于苦行僧般的简单生活，谱写着“爱孩子们”的篇章。他深深懂得：爱——意味着敬畏万千生灵，“把学生当人”，意味着奉行“人是最高价值”的哲学信条及其精神线路，意味着崇尚“为了孩子”的教育信仰和献身精神，意味着内心的炙热和百折不挠的坚守。他领悟到：真正地爱孩子需要放弃很多，需要强大的自律和自省能力，爱不能做表面文章，需要时时唤醒自己的热忱，毫无保留地奉献自己的智慧、情感和心灵。他做到了：仔仔细细地从研究孩子入手，踏踏实实地从事大面积的、持续不断的教育实验，始终如一地探求教育教学规律，津津乐道地为孩子们创造欢乐，呕心沥血地为培育“真正的人”贡献着教育智慧，创造出一个个教育实绩。

他把为人处世的古道热肠与对科学规律的冷峻探索融为一体，把日常生活中的怜小悯弱的生命柔情与探求真理的百折不挠精神相互统一，把对生命价值的确认和人生信仰的树立，与科学求知的怀疑与批判精神结合起来，从而十分谨慎地避免了“爱的空心化”，使“爱孩子”不是流于设想或空谈，而把自己奉献于孩子的“爱心”之窝建造得结结实实。

就这样，他用“大爱”书写出了令世界刮目的教育家人生，展示了他始终坚守教育良知又立于道德高地的崇高风范。完全可以这样说：他虽与我国的教育楷模陶行知先生隔世相望，但同样是一位“捧着一颗心来，不带半根草去”的教育圣人。

第二，大家这么崇敬苏霍姆林斯基，是因为他亲力亲为。22 年在一所学校，埋头实践，从事了迄今为止世界上没人搞过的教育实验——全景式、实践性、综合性、长期性的教育实验。他在行动研究之中认真思考创新，为社会主义教育创造了奇迹：拿出了样板学校，写出了丰厚的著作，创造了深刻而系统的思想。

他创造的奇迹之一，是拿出了样板学校。

社会主义学校应该是怎样的？20 世纪五六十年代，苏联教育界早已出现教条主义及形式主义的“假教育”现象，苏霍姆林斯基忧心如焚，但只能先做好自己。他埋头苦干，努力探求“真教育”的路径，心无旁骛地扎根于乡村学校的实践，以“为孩子创造幸福”和培养“真正的人”为奋斗目标，用自己22年的生命做了可以复制的教育实验，做出了实实在在的成绩：办好了一所称得上人道主义的教育样板——巴甫雷什中学。

苏霍姆林斯基始终把教育实践视为教育研究的根基，他永远在课堂里（每天听2节课），在学生中（认识所有的学生），永远与教师们在一起。他艰苦探索和直面各种教育问题，触摸着各个年龄阶段学生的生命脉搏，在不断解决各种问题的过程中，与教师们一起用心研究和培养每一个学生，同时吸取和提炼鲜活的教育学营养，推动“教育学是人学”的实验室工作不断前进，使一所乡村中学成了世界名校。他雄辩地证实了：真正教育家总是“接地气”——与儿童在一起并以潜心研究儿童为己业的，真正的教育家也都总是与一所名校联系在一起的。

他创造的奇迹之二，是写出了丰厚的著述。

在巴甫雷什中学工作22年期间，苏霍姆林斯基竟然能够写出那么丰厚，且让一线教师爱读的著述——《活的教育学》，人们无不惊叹他的勤奋刻苦和无穷智慧。

他从小就崇拜书籍，以一颗敬畏、谦卑和空灵的心进行阅读，使他能以广阔的视野和博大的胸怀，观照人类世界及教育的历史、现状与未来，朝着知识渊博、涉猎甚多、学养深厚、真有学问的方向不断修炼、前行。

后来，他身为校长，仍继续以高强度的专注力异常勤奋地读书（每天早上四点起床阅读）。他努力博览群书，阅读古今，思考人类，洞察社会，观照教育，审视自我，构建了健康而全面的教育认知及客观而前瞻的自我认知。他着眼根本，专研“人学”，服务现实。他独立思考，从不人云亦云，更不故弄玄虚。他精通业务，熟知中小学教材和教学法理论，他几乎教过中小学的所有课程。他对教育学、心理学、人类学、文学和哲学等学科的修养之深，远远超乎常人。他学风踏实，勤奋写作，语言通俗，言之有物。苏霍姆林斯基的著作令人佩服，被公认为是“活的教育学”和“教育百科全书”，被翻译成世界各国的主要语言文字，广泛地流传于世。他的实践和学问已经物化成了人类不可或缺的宝贵教育遗产。

他创造的奇迹之三，是深刻的思想体系——苏霍姆林斯基教育思想。

社会主义教育的核心和本质问题有哪些？怎样办好社会主义学校？苏霍姆林斯基用自己的著作做出了最好的回答。

苏霍姆林斯基脚踏实地，博采众长，着眼根本，前瞻未来，思想深刻，构建了自己独特的教育思想体系，堪称“教育战线上的思想家”。他成天生活在孩子之中，欣慰于学生的天真，敬畏着生命的严肃，感受着家长和社会的信任，掂量着教育的现实责任和时代使命；他常常回忆着战争的漫天血雨和无穷灾难，思索着孩子们及人类的未来命运，坚守着对人性的尊重和对精神的关切；他以超常的人文情怀注视科技发展的走向，同时警惕着随之可能发生的“人的异化”。他前瞻新的世纪，心怀人类未来。他永远在追问：怎样的中小学才是好学校？什么是“真正的教育”？什么是“真正的人”？未来的世界将走向何处？未来教育又将走向何处？为什么孩子们越来越不喜欢学校教育？他在长年的教育实践中苦苦求索，在不间断的教育实验中验证答案，在广泛涉猎、持久深入的阅读中深思熟虑。通过勤奋写作及时总结，他沿着“教育学是人学”的线路前行，逐步形成了一整套独特的以人为本的教育主张，从而催生出了举世无双的教育思想体系——苏霍姆林斯基教育思想。

特别需要指出的是，在苏霍姆林斯基教育思想中，最为突出的部分之一是关于情感教育的论述。他把情感作为“人性”的基础和动能。他深刻地指出："人的全面与和谐发展，离不开情感教育。我认为，这是教师最重要的任务之一。"他主张必须从孩子入学开始就培养他们对学校充满好奇心和恋恋不舍的情感，必须关注在教学中培育孩子的感觉素养（视觉、听觉、知觉）和能力，必须培育孩子的两种重要能力——感觉他人和理解他人的能力、接受教育的意愿和能力等。他甚至把情感教育提高到了情感文化和情感文明的高度。我国已故著名教育学者朱小蔓教授多次指出："苏霍姆林斯基是教育领域倡导情感文明的伟大推手，是开辟教育学科处女地——情感教育学的全球领跑者。"

第三，我们之所以这么崇敬苏霍姆林斯基，是因为他始终坚守教育良知。他在："以阶级斗争为纲"的政治迷雾中头脑清醒，高举着社会主义人道主义的教育大旗，胸怀坦荡，坚持真理，从不向谬误低头。

苏霍姆林斯基拥有一颗纯净、美丽的心，这是一颗以完美教育理想为血液循环的心。他视野高远，有着超越世俗的教育追求，因而方向明确，意志坚定；他恪守良知，敢讲真话，为人磊落；他满怀激情，又头脑清醒，在持续的阅读和不竭的实践中饱吸人类思想的精华。在此，他坚定地摒弃官僚主义、教条主义和形式主义的羁绊，勇敢地举着社会主义人道主义的旗帜，置"以阶级斗争为纲"的政治风浪及教育界见风使舵的风气于不顾，坚持"人是最高价值""教育学是人学"的思想路线，全力攀登教育理想的制高点，让自己的精神和心灵突破教条的桎梏、超越四周的环境、冲出时空的限制，凝练成社会主义的教育信仰，在内心深处养成浩然之气，铸成不竭的精神力量。他以"人民教师——民族的良知和青年的楷模"要求自己，鄙视对学术的无知与怠慢，嘲笑对物质的贪婪与迷恋，拒绝对权力的膜拜和恐惧，批评和抵御社会和个人的沉沦。所以他敢于在 1967 年撰文《不要原地踏步》，指名道姓地批评马卡连柯集体教育思想中的错误，后来即便面对不断的政治"围剿"（1967 年起苏联《教师报》开辟专栏对他批判）也总是朝气蓬勃、积极达观。他挺直腰杆，从不低头，拒绝谬误，追求真理；他是那么珍视体面和尊严，在平凡中显得那么高贵，凸显出他巨大的人格魅力。

苏霍姆林斯基从“二战”硝烟中归来，挂着二级伤残的勋章回到故乡，又辞去区教育局局长职务，决心到乡村中学当校长，一头扎进饱受战争苦难的孩子们中间，呕心沥血地干了22年，他的人道主义教育实践的卓著成效，连同其中展示的“我把心献给孩子们”的道德情怀和诗性精神，跨越了万水千山，令世界各国教育工作者由衷佩服；他通俗而不凡的、富有前瞻性的理论建树，突破了意识形态的阻隔，超越了造就他的时代，牵动了东西方教育工作者的心，至今为大家所关注和敬仰。人们争相翻译和阅读他的著述，研究他的教育思想，争相去他创办的学校——巴甫雷什中学“朝圣”。而且，这种关注和敬仰，遍及世界，经久不息，一直延续至今天。这当然是一个奇迹！

其实，苏霍姆林斯基作为一位农村中学的校长，又是教育学博士、苏联教育科学院通讯院士，从来都反对高高在上、以势压人的做派。实际上，他首先是一位平易近人、和蔼可亲的教师。

今天，我们隆重纪念苏霍姆林斯基，继续研究他的生平和著作，对于我国广大教师可以提供哪些有益的启示呢？

首先，苏霍姆林斯基出身寒门。就是说，一位大教育家可以从最最普通的家庭里走出来。

是的，是贫苦的农民家庭养育了苏霍姆林斯基。那里笃信东正教，敬畏天地，虽然物质匮乏，但以勤劳为本，长辈善良诚信，十分睿智。与众不同的是，这个家庭崇尚读书，从基本不识字的爷爷开始，就努力收集书籍，父亲就爱读书，奶奶和妈妈虽是文盲，但熟知乌克兰民歌和民间故事，全力鼓励孩子读书——这么良好的家庭文化和教养，从小给了苏霍姆林斯基难得的人文熏陶：勤勉的劳作精神，善良的待人态度，真诚的利他举止，良好的审美情趣和积极的价值取向，这些从小就注入他的血肉之中，为他日后对孩子们无私的热爱奠定了坚实的基础，并由此哺育出博大的教育情怀。

其次，苏霍姆林斯基的成长，得益于他崇拜书籍、勤奋阅读。就是说，阅读是教育家成长的摇篮。

参观巴甫雷什中学，最吸引你眼球的是他简朴的办公室。那里，整整一面墙壁都是高达天花板的书柜，里面涉及各学科门类的各种各样的私人藏书。他不仅自己“活在书籍的世界里”乐此不疲，还常常邀请小朋友来他的办公室，到书柜前挑喜欢的书。有一次，一位小朋友问他：“这些书您都读过吗？”他答道：“是啊，都读过，有的还读过几遍呢！现在我正一本本地重读啊。”“我每天不读上几页书，是无法活下去的。”那个孩子当时惊讶得说不出话来。苏霍姆林斯基曾说：教师要教好一本书，就至少必须读 100 本与此有关或无关的书，“教师要跟书籍结下终身的友谊”。怎么挤出时间来？每天早上四点他就起床阅读、写作，因此，称他为身体力行、严格自律的读书标杆，一点儿也不过分。对人类经典与新鲜成果的持续关注，从不懈怠的勤奋阅读为他输送着丰富而不竭的精神营养，铸就了他坚定的教育信仰，也为他提供了强大的创造动力。

再次，苏霍姆林斯基的成功，源于他勤于实践，善于思考，且钟情写作。

真正的教育家是离不开孩子们，离不开班级和课堂的。苏霍姆林斯基认识学校里每一个孩子，认识每一位家长，且坚持上课或听课；他还习惯于从摆在面前的问题出发，思索前因后果，不断提出追问。例如，为什么教堂里牧师的布道会那么吸引人、那么令人信服？而为什么学校的道德教育却常常变成干巴巴的说教，失去应有的说服力？又如，为什么孩子们刚刚入学时都高兴地去上学，而后来就有不少孩子渐渐地对上学不感兴趣了呢？他的思考，更加指向寻求诸如此类问题产生的深层次根源，更加关注从理论和实践的结合上寻找解决问题的出路和策略。善于思考诞生出了他正确的方法论、建设性的“积极指向”和独特的教育方略及思想路径。笔耕不辍，使他的实践和思考有丰富的第一手资料做基础，使他的思维趋向深刻、系统，使他不断自我完善、登上新的高度，从而催生出他的独特的思想体系。

就这样，苏霍姆林斯基，一个普通乡村中学校长，创造了教育实践和理论的范例，震动了全世界，得到了国际教育界的赞许，被公认为世界级的教育大家，这在20世纪中叶的社会主义教育发展史上是绝无仅有的。

是的，奇迹总是由人来创造的。而当今时代，就给创造奇迹的有志者提出了问题，提供了舞台。

当我们的教育改革进入攻坚阶段之时，当我们面前的青少年学生与任何时候都不同之时，当我们的年轻教师面对海量资讯、多元价值和虚拟空间而感到似乎难以抉择之时，我们急切地需要一个看得见摸得着、可以信赖的学习榜样，急切地需要一个富有情感、血肉丰满的时代楷模。而苏霍姆林斯基就应当是最好的选择之一。

具体地说，我们纪念苏霍姆林斯基，就是为了给我国年轻一代的教育工作者提供学习条件，使他们了解苏霍姆林斯基教育思想在我国教育界几度掀起的传播高潮，了解其影响的广泛和深远程度，了解其广受欢迎的内在教育因素和文化条件，了解其间涌现出的许多先进人物和感人故事，从而在心中保留那十分难得的、写满生动教育故事的中国教育的历史画卷。

更具体地说，也为了使年轻的教育工作者真实地感受到：作为一个普通的中小学教师和校长，如果他积极地阅读，踏实地实践，不断地改变和提升自我，持续地努力奋斗，前景不可小觑，因为他生命力量中蕴藏的潜能和可能达到的高度是如此惊人！我们力图使年轻人在此基础上思考这样的问题：苏霍姆林斯基为什么这么令人敬仰？我们自己是否可以通过自身的努力，站到巨人的肩膀上，坚持认真读书，坚守教育良知，端正思想方法，积极从事实践，不断提高教育素养，力求达到新的高度，直至攀登教育的高峰？

站在今天，为了回应时代的呼唤、积极提升教师的文化修养，我们学习苏霍姆林斯基时，需要抓住他的精神特征，我们至少可以看到特别值得关注的三点。第一是人性，这是他的哲学基点。它对应着人道主义，由此才有他的基本论点“人是最高价值”“教育学是人学”，才有他的始终如一的脚踏实地和高瞻远瞩。第二是善良，这是他诗意的道德。它对应着利他主义，由此才有他对平民及其子女的毫无嫌弃的、真诚的关爱态度，才有他采用的朴素而优美的交往方式，才有他从爱的角度对孩子情感世界的深刻研究和及时调适，才有他对“困难儿童”的真挚的温情，才有他充满人道的诗性交往方式和超强的爱的能力——对一切生命充满了祝福感。第三是高贵，这是他不屈的人格。它对应着批判精神，由此才有他不迷信教条的大胆批评，才有他不追捧权贵的直言不讳，才有他那关于“没有批评，教育科学就不可能前进”的深刻见地，才有他“不能原地踏步”的大胆呐喊和对自己崇拜的老师马卡连柯的尖锐而科学的批评。

总之，苏霍姆林斯基超越了历史及时代，苏霍姆林斯基教育思想感动着我们及世人。在纪念他 100 周年诞辰之际，我们仿佛感到：他高举着社会主义的教育大旗，站在云端，注视着我们；他似乎在对我们说：社会主义教育的希望在中国，希望中国教育工作者创造出为世界公认的教育新业绩和新辉煌。

李镇西说

他打开一扇了解苏霍姆林斯基的窗

当吴盘生先生在台上为工作站的老师们滔滔不绝地讲苏霍姆林斯基时，我的思绪回到了三十多年前……

1988年底，我收到了远方寄来的一本译著《中小学集体教育学概论》。这是一本介绍苏联中小学班级教育的著作，寄书人也是翻译者：吴盘生。当时我对这个名字很陌生，在此之前从未与吴老师有过任何形式的交往，但吴老师在来信中说，他关注着我当时在报刊发表的一些文章，觉得我和他有着共同的教育情怀，便把自己刚刚出版的译作寄赠给我“指正”。

一个刚参加教育工作几年的小伙子，哪敢“指正”专家的大作？但对吴盘生老师的感激之情，无论当时还是现在，我都难以言表。从此，我和吴老师成了忘年交，他时不时通过书信对我进行指导和鼓励。1997年写《爱心与教育》时，我在后记中列了一长串对我成长有过重要帮助因而我必须感谢的人的名单，吴盘生老师是其中之一。而当时，我们还没见过面。

我们第一次见面，是他给我寄书10年后的1998年11月，我在北京“纪念苏霍姆林斯基八十诞辰国际学术研讨会”上，见到了吴老师。由他担任翻译，我和苏霍姆林斯基的女儿进行了简单的交流，正是通过吴老师的翻译，我听到了卡娅对我的鼓励：“您是中国的苏霍姆林斯基式的教师”；还听到了她想收我为研究生的想法。卡娅说：“我想把您培养成中国的苏霍姆林斯基。”虽然，后来由于种种原因我并没有成为卡娅的学生，但她这份情谊我一直记着。可以说，在中国有两位专家是我和卡娅联系的“纽带”，也是我走近苏霍姆林斯基的“捷径”：一位是北师大的肖甦教授，另一位便是吴盘生老师。

吴老师既是教育者，又是外交官，还是翻译家。他曾经在中学任教，熟悉基础教育，且经验丰富；后来到教科所工作，有着比较扎实的理论功底，研究能力自不必说；再后来又被调到中国驻乌克兰大使馆担任一等秘书和办公室主任，有着开阔的国际视野，翻译了包括苏霍姆林斯基文章在内的许多乌克兰和俄罗斯教育论著。多年来，吴老师一直穿梭于中国、乌克兰、俄罗斯之间，多次访问苏霍姆林斯基家人，并和他们结下了深厚的友谊。吴老师长期研究苏霍姆林斯基教育思想，是国内著名的苏霍姆林斯基教育思想研究专家之一。他现任中国陶行知研究会苏霍姆林斯基研究专业委员会理事长，“乌克兰一中国”文化教育交流中心主任、乌克兰驻上海总领馆文化教育名誉顾问。

再后来，我和吴老师的交往便频繁了起来，几乎每年都要见面。每当我在阅读和研究苏霍姆林斯基方面遇到难题时，我便向吴老师求教，而每次都能得到他的圆满解答。

吴老师在工作站所作的报告，为老师们打开一扇了解苏霍姆林斯基的窗。我希望通过这篇演讲录，读者能够对苏霍姆林斯基有更全面的了解。

树立面向未来的教育理想

教育专家　杨东平

每年的高考都是中国教育的一个沉重的话题。在高考结束的时候，有两个群体最为高兴。一个是高三的考生终于解放了，考了 6 年甚至是 12 年，教育的全部目的就是为了这一天的“解放”；另外一个是收废品的人，工作量剧增，收入也剧增，每家的资料、试卷都要装满一辆三轮车。很多学校毕业的新创举就是“雪花”飞舞，把所有的课本、考卷全部撕了，从楼上往下扔，作为一种宣泄。大量的复习资料，被扔掉、烧掉、卖掉，再也不用了。这种现象发人深省。

高考季节的反思

今天，我们比以往任何时候都需要追求好的教育、理想的教育。但回过头来想，教育究竟为大家留下了什么？这种反思永远不会过时。在每年的高考季节，有各种各样的消息传来。现在越来越多的优秀学生出国留学，上海的考生 2012 年只有 5.5 万人，下降的幅度非常大。上海高中的四大名校，出国比例从以前的平均10%～20%，2012年曾增长到30%～40%，再加上名校高中的国际班，有的学校学生出国的比例已经超过了50%。复旦附中2012年参加高考的学生是500名，另外400名不是保送就是出国。越来越多的考生开始绕过高考，这使我们考虑：教育究竟出了什么问题？如何来适应和满足青年学生的实际需要？

有一个学生叫钟道然，人大附中毕业，考入中国人民大学经济系。他曾在三联书店出版了一本书叫《我不原谅》，反思从小学、初中到大学的教育，讲得也很尖锐。他说中学是青春的绞肉机，把每个学生心中最美好的部分焚烧成灰烬，留下无穷的叹息。

老外也在反思中国教育。有一个韩国人发表了一篇博文《我为什么不去上海的国际学校》。他对上海的国际学校做了详细的考察：收费是普通公办学校的25倍，但是教育质量真的比普通学校好25倍吗？当然不是，课程标准不高，学生学习了几年还不会说中国话。最令人受不了的是这些学校培养的学生对待社会的态度，养成一种人上人的优越感。他们最关注的是别人怎么服侍他、照料他。所以他觉得这根本不是他所需要的教育。

而今天我们如何做好的老师、家长、校长，成为一个非常现实的问题，也是一个非常严峻的挑战。

教育发展的新阶段

教育工作千头万绪，积重难返，而且很多问题都是“牵一发而动全身”，无论是高考改革、择校热，还是治理学术腐败，都很难说有一个非常简单的且一抓就灵的办法。我把各种教育问题归纳为三类：一是教育观念的变革；二是教育制度的变革，即体制和管理问题；三是人才培养模式的变革，就是在学校、在具体的教学过程当中到底应该怎么教、怎么学。

我们看到很多问题的时候，尤其是看到优秀人才缺乏的时候，看到的往往是第三类问题，即如何教、如何学的问题。这一块从理论上说，只要有一个教育家办学的体制，教育家自己就可以解决，就好像农民自己知道怎么种地，不需要你给他做很多规划，把权交给他就行了。因此与教学过程相比，制度变革是更为核心的。但是制度变革，需要有一个更重要的思想前提，即新的教育理念，从而确定改革的方向。所以从这个意义上讲，确定一个面向未来的新的教育理想、教育价值，重新给我们的教育发展定位，即确立新的坐标，是第一位的。

与经济领域做一个比较，很能说明这个问题。30 年前，党的十一届三中全会的时候，我国经历了一场重要的思想解放运动。经济改革由此确定了新的方向，否定了重新回到 50 年代的老路，确立了建立社会主义市场经济的新航向。非常遗憾的是，在教育领域，这次思想解放运动是一次没有完成的、半途而废的拨乱反正。我们仅仅恢复了一个常识，就是要尊重知识、尊重人才，要发展教育。但是在新的历史起点上，究竟如何改革和发展教育，并没有建立新的思维，而是简单地采取重新回到 50 年代，认为“文革”前 17 年的教育就是理想境界，只要恢复到那个教育就可以了。它的后果，我们今天已经可以看到了。

在改革开放之初，有一个真实的故事，大约是在 1979 年，中国和美国互派教育代表团，看看对方怎么样。中国的代表团到美国一看，学生自由散漫，上课随便说话，做小动作，训练也不刻苦，因此断言：20 年以后，中国的教育肯定超过美国。美国的代表团到中国的学校一看，不得了，校园里书声琅琅，学生们意气风发、刻苦训练。他们也断言，20 年以后，中国的教育肯定超过美国。现在 30 年已经过去了，奇迹并没有发生。美国仍然是首屈一指的教育和科技大国，中国仍然需要努力多培养出我们所呼唤的大师。

2010年，国家颁布了面向未来的《国家中长期教育改革和发展规划纲要（2010—2020年）》，确定了新的教育价值、教育目标、战略任务。从大的背景来看，中国的教育以《规划纲要》的制定和贯彻落实为一个标志，正在进入一个全新的发展阶段。基本的结论就是：中国教育已经渡过了极其短缺、极其贫困的阶段，学龄人口越来越少，政府越来越有钱，教育资源越来越丰富，我们不是完全有可能实行一种比较宽松的、更加人性化的教育吗？我们面临这样一个历史性的转折点：就是从满足基本需求，转变为有可能追求一种好的教育、理想的教育。这就是我们经常说的从“有学上”，转为“上好学”。但是问题恰恰就出在这儿——对于什么是好的教育，我们还没有形成共识。如果问每一个人、每一个家长，他心目中好的教育是什么，可能有百分之八九十的人会说是上名校，上清华、北大。把“上好学”简单地等同于上“重点学校”，但是以应试教育和升学率竞争为能事的重点学校真的是一种“理想”吗？

值得反思的是，教育资源的改善、供求关系的极大宽松并没有催生教育的新变化。应试教育的“独木桥”已经四通八达，平均录取率已经达到百分之七十几了，生源的下降非常明显。那么为什么中小学的应试教育反而越来越严厉了呢？我把这一现象称之为“规律失灵”。学生越来越少，教育资源越来越多，反而出现了新的“上学难、上学贵”的问题，出现了大班额、巨型学校、超级中学，都是与教育现代化的方向背道而驰的。

可见，教育发展与经济社会发展的问题相似。一种好的经济秩序，公平的、合理的、公正的社会秩序，有质量的生活价值等，并不是经济增长的必然产物，并不会随着经济增长而必然出现，除非你把社会公平、社会福利本身作为一个重要的目标来追求。在教育资源短缺的时候，这些问题被掩盖，大家以为只要教育资源增加了，所有的问题就会迎刃而解。今天我们已经知道，这种经济主义、发展主义至上的思路是有缺憾的。如果我们没有一种全新的教育理想、正确的教育观念，那么资源再多也不见得能够达成好的教育。

需要树立新的教育理想

首先需要树立与我们这个时代相适应的新的教育价值观。在国家层面上，就是“以人为本的科学发展观”。教育是最直接的以人作为自己工作对象的一个领域，所以应率先贯彻以人为本的教育价值观。

以人为本的价值观的提出，首先是对教育的功能、性质的重新定位。很长一段的时间，我们把教育视为实现国家现代化、民族振兴的基础性、全局性、战略性的事业。今天我们提出，教育是关乎每一个家庭、每一个儿童，使每一个学生健康成长的民生事业，因此要办“人民满意的教育”！国家主义、精英主义、功利主义的教育价值观，都需要在以人为本的新的视野中加以更新。

以人为本在学校就是以学生为本，这话说起来容易，但真正做到非常困难，很容易成为一句挂在嘴上的口号，说说而已。我们不妨反思一下我们现在的教育究竟是以什么为本。中华人民共和国成立后的前 30 年，我们曾经经历了一个政治至上的时期。后来，我们又经历了一个经济至上的时代，教育在整个 20 世纪 90 年代是以经营、创收、转制、圈地、贷款等为重心的。那么今天，我们的学校究竟是以什么为本？我相信相当多的地方和学校，实际上是以“教育 GDP”为本。什么是“教育 GDP”？就是考试分数、升学率、学校排名。它们成为学校工作实际的指挥棒。有人会说，这是为学生好，学生和家长要的就是这个。这种以分数为本、以升学率为本、以数字为本、以教育政绩为本，是一种见物不见人的教育，是与以学生为本是背道而驰的，所以不惜以摧残学生、牺牲学生的健康和青春为代价。刚才讲的例子，当他们长大之后回过头来，当他们认识到社会很博大、人生可丰富多彩的时候，他们就会反思，就会痛恨，就像钟道然说的，一个人最美好的青春年华都被耗费了。而青春却是无法弥补、无法挽回的。

那些以升学率为本的学校，最多也只是以少数学生为本，以少数高分学生，以少数能够考上清华、北大的学生为本。这就是我们在很多重点学校看到的普遍现象。把学生按学习成绩分为快班、慢班，分为龙班、虎班、火箭班，关注的只是少数学生，靠这个吸引大量的择校生，而大多数学生只能随波逐流。所以那些超级中学、巨型学校，背后是很大的生意经，是赚钱营利，怎么是以学生为本呢？

以人为本的核心概念是以每一个学生为本，要关心每一个学生，促进每个学生主动的、生动活泼的发展，为每个学生提供适合的教育。判断是真的以人为本还是假的以人为本，关键就在于是否办好每一所学校、关注每一个学生。虽然这个目标在《规划纲要》里提得非常明确，但是在我们的实际工作中，可能还是会习惯性地关注少数学校、少数学生。所以这是理解以人为本的一个核心。

今天的教育呈现着这样一种脱节：我们已经进入全民教育、高等教育大众化、知识经济和网络时代；然而我们主流的教育价值，制度安排仍然是“精英主义”的。什么是精英主义？就是国家或者政府的关注、投入集中在少数学校、少数学生身上，是一种面向少数人的教育。中小学教育是高度“精英化”的，实行严格的筛选、竞争、淘汰，使大多数人成为失败者！

中小学教育的“精英化”是我们过去五六十年教育的一个基本特征。我们在20世纪50年代建立的中小学重点学校制度，是为了实现工业化的国家目标，迅速培养一小批专家。当时明确规定，在中小学建立重点学校制度，形成一个“小宝塔”，重点学校的任务就是给上一级学校输送尖子人才。那时还没有实行义务教育制度，我国1986年才颁布了《中华人民共和国义务教育法》。实行九年义务教育制度之后，义务教育阶段的重点学校必须面向全体学生，办好每一所学校。问题是那么多年了，我们的基础教育还没有完全转过来，不许办重点学校了，就出现了名牌学校、明星学校、星级学校等，反正是一定要分出三六九等，就是不能一视同仁。

除了严酷的应试教育，反教育现象还有各种表现。其中之一就是现在出现了越来越多的超级学校，四五千人的小学，一两万人的中学，一个年级50个班，最多的100个班。在这样的学校，教育的性质已经完全改变了，最主要的问题就是校园安全，防止学生出现安全事故。因此这些学校都实行严格的军事化管理，严格限制人身自由，实行所谓的“量化管理”，一举一动都要规范、打分，互相监督。问题是这究竟是学校还是军营？能用这种方法办教育吗？除了超级学校，还有超大班额，不少县城的中小学，最大班额可以达到120人、130人，越是重点学校班额越大，很多家长砸锅卖铁，非要进这些学校，享受“优质教育资源”。上海的老教育家吕型伟生前曾经说，一个正常的学校，校长应该认识每一个老师，叫得出他的名字；走在大街上，能够认识这是我们学校的学生。这就是“过去的学校”，我们上中小学时，不就是这样吗？

在新的社会环境中，又出现另外一个现象：那些陈旧的封建主义价值观，在大规模的复活强化，就是唯有读书高，读书做官，望子成龙，出人头地。从五四运动以后，这些陈腐的东西就是被批判、被否定的对象，没有人敢把它挂在嘴上的。五四运动之后的新教育，包括蔡元培对旧北大的改革，首先就是扭转读书做官的价值，树立大学“追求高深学问”、追求真理的价值。看看今天大学毕业生争相报考公务员，大学教授不安心做学问而热衷于做官的情况，是不是一种倒退？而且由于商业化的市场力量的推动，这些反教育的陈腐价值死灰复燃，而且变得越来越名正言顺、堂而皇之，形成一种强大的社会力量。在普及教育的时代，我们所需要追求的，就像陶行知说的：不要做人上人，要做人中人。所以我们今天随便问一名中学的学生，你的人生理想、目标是什么，答案都差不多，上大学、博士、科学家、宇航员等，宏大的目标。如果在日本、韩国的中学生人生理想的调查，结果就很不一样，往往是很具体的、不那么高大的目标。比如有的学生说，她想开个蛋糕店，特别喜欢做各种各样的糕点；有的学生说想开个花店等，是可以把握、可以实现的真实的人生目标，这个差距很大。所以教育改革必须是一场全社会共同参与的整体性的文化变革，没有家长群体的支持、社会文化的改变，学校的很多改革也难以实现。

教育需要归真返璞，恢复常识

面对这些教育怪象，大家越来越认识到，教育最需要的也许还不是现代化，而是正常化。要遵从教育规律，要正本清源，要归真返璞，要恢复常识，要回到原点！首先要实现教育正常化，然后再谈教育现代化。“教育正常化”这个口号也不是我们自己说的，20 世纪 80 年代日本的教育改革就提出了这个目标。当时日本中小学被称为“考试地狱”，青少年自杀的很多。针对严重的“教育畸形化”，提出了教育正常化。那么今天我们讲教育正常化，主要是针对现实生活中大量存在的反教育现象，首先将那些完全违背教育规律、违反国家政策和法规的东西改变过来。先别说那些高深的理论，首先是恢复常识，就是学校像学校，校长像校长，老师像老师，学校做学校该做的事，校长做校长该做的事，老师做老师该做的事。而不是有人说现在“学校不像学校，像宾馆；校长不像校长，像老板”。

归真返璞，恢复常识，回到原点，说的就是一件事：恢复教育的基本价值、基本功能，就是人格养成，树人育人。首先是“人”的教育，人才人才，首先是培养“人”，成为一个好人；没有人，哪里有才？以人为本不是以分数为本、以升学率为本，也不是以“才”为本，而是以“人”为本——因为人本身就是目的。教育的重要价值，就是保护儿童，保护他们作为人的成长，保护他们的想象力和创造力，也就是保护和创造世界的未来。因此教育的本质是非常人文化的，是非功利的。

有一段广为流传的话，“教育的本质意味着：一棵树摇动另一棵树，一朵云推动另一朵云，一个灵魂唤醒另一个灵魂。”非常优美，非常诗意。它告诉我们的是一个重要的概念：教育真正的价值是一种启蒙，一种唤醒，一种打开，一种点燃，一种开悟，一种得道……所谓启蒙，就是把一个人从蒙昧的状态，带入一个理性的状态、理智的状态，使他成为一个社会人，培育他丰富的内心世界，提高他的精神高度，而不是通过许多无用的知识灌输使人变得麻木、变得冷漠、变得消沉、变得缺乏人性。我们太强调教育的功利性和工具性价值了。中国的儒家教育、孔孟之道，本来是以人文教化为核心的，培养的是一种君子人格，就是正人君子、谦谦君子、知书达理、温柔敦厚等。但今天我们离这个目标已经远了，无论是学校还是家长。我们只关注分数考试，很少关注学生的道德进步、有什么样的人生思考，培养出一些考试机器、科技怪人、经济动物，或者用钱理群的话说培养出一种“精致的利己主义者”。这就是真正意义的教育的异化。西安中学的高中语文教师杨林珂，他写了一封万言书，深度发问中国教育。他说如果我们让学生的词典里头只有“拼搏”“奋斗”“成功”等几个可怜的词，学生的生活在哪里？生命在哪里？“我的教育理念是：震撼心灵、开启智慧、健全人格，让学生成为一个心灵博大、精神坚强的人！”

其实，人的成功成才，教育研究的结果很清楚，就是情商大于智商、性格决定命运。一个人的性格、情感、气质、开朗、乐观、勇气、毅力、坚韧等，才是人与人之间最重要的区别，才是一个人最重要的安身立命之本，而知识教育只占较小的一部分。就知识教育而言，在现在的学习化、信息化环境中，最重要的是学习的能力、交往的能力、合作的能力、表达的能力，分析、判断、归纳、推理等基础能力，也叫作“可迁移能力”，而不是具体的书本知识、解题技巧，因为具体知识是很容易从网络上获得的。

因此有人说当前迫切需要改变“失魂落魄”的教育，现在的教育没有魂了，只有分数、技术。以人为本的教育，要关注学生的健康成长和终身幸福，真正需要培养的是那些使你能够终身受益的品质和素质，完全不必为了考试和分数，为追求第一而过分地透支自己的体力、精力、兴趣爱好。这需要改变教育中技术主义和工具主义盛行的状况，需要重视学生的身体健康、人格养成、审美、艺术、历史，社会关怀；培养学生的合作精神、服务社会的公益心，学会生活的能力等。还需要补充新的教育内容，其中特别重要的有公民教育、中国传统文化教育、可持续发展教育、国际理解教育、生命教育等，从而恢复教育的人文性，恢复教育树人育人的宗旨，使教育真正成为社会文明和道德的灯塔，成为文化传承和创新的源泉。

李镇西说

温和语言中蕴含的思想力度

大概是1994年，一本《城市季风：北京和上海的文化精神》的书震撼了我。这本书突破了“国家”的笼统观念，以京派文化和海派文化为比较，开启了地域文化和城际文化个性及特质比较的话语空间。作者视野开阔，思想深刻，文笔流畅，气象宏大。当时我教高三，正在意气风发地进行语文教学改革。尽管高考火药味已经十分浓烈，但我依然没有让学生被题海所淹没，而是给他们推荐一系列有关文化的书籍，其中便有这本书。也因为这本书，我和我的学生记住了一个名字：杨东平。

第一次见到杨东平老师，是2000年夏天，他应四川省教育厅邀请到成都讲学。和著名的杨教授同台讲学，虚荣心让我暗暗自豪。说实话，初见杨东平教授，除了伟岸的个子在我意料之中外，他的言谈举止和我想象中的“范儿”有不小的差距。从《城市季风：北京和上海的文化精神》想象杨东平，他应该是一个气度不凡、谈吐激扬的学者。而当时我眼中的他，气度很“凡”，谈吐一点儿都不“激扬”。他的演讲，语言平实，语速缓慢，语音低沉，感觉激情不足，也似乎少了点儿幽默。总之没有我期待中著名学者应有的“气场”。不过，只要仔细认真听，就会发现杨教授很有思想，而且思路清晰，分析深刻。他的演讲更多的是靠内容而非形式吸引听众的。杨教授思想的魅力连同他儒雅温和、内敛低调的风范，给我留下了很好的印象。记得他当时还签名送了我一本书。

在和杨教授聊天中，我才知道他本科毕业于北京工业学院（现北京理工大学）自动控制系液压传动与控制专业，后任该校高等教育研究所所长。我简直没想到，写下《城市季风：北京和上海的文化精神》这么高屋建瓴、气势雄浑的巨著的杨东平先生居然是“理科出身”。更让我惊讶的是，他居然是中央电视台著名栏目《实话实说》的总策划。深感荣幸的是，由他的提议，2003年春天，《实话实说》邀请我作为嘉宾前去做节目，那一期主题好像是谈“什么是好学生”。在现场，我观点鲜明，直抒胸臆，真正来了个“实话实说”。下来后，杨老师对我直说“讲得好”，同时惋惜“给你的时间太少了，你没讲够”。

以后20多年，我和杨老师成了很好的朋友。2016年成立“李镇西博士工作站”时，我邀请杨东平老师担任工作站的特聘导师，他却谢绝了，理由是

“我不擅长对中小学老师讲课”。我理解，不做自己不擅长的事，这是杨东平老师的原则，更是他的真诚。

但我邀请他为工作站作讲座，他却欣然答应。有一次，工作站举行读书沙龙活动，我请杨东平老师来和老师们一起喝茶聊天，谈读书。杨老师欣然和我们走进了竹影婆娑的杜甫草堂。这也体现了杨东平老师的原则与真诚——只要是力所能及，他总是乐意去做。

那真是一个美好的时刻，在古朴典雅的杜甫草堂“仰止堂”，我们一边品茶一边聊书:《要相信孩子》《给青年校长的谈话》《教学机智——教育智慧的意蕴》，还有《大江大海1949》和《巨流河》……杨东平老师也谈了他自己对读书的看法:“对教师来说有两类书可读，一种是读与教育有关的书，这是对教师职业生活有帮助的阅读；还有一种是‘无用的阅读’，却是对人的修养的提升。”

杨东平老师的语言依然温和，却蕴含着内在的力度，在娓娓道来之间打开我们的视野，给我们的精神世界注入思想的阳光；依然没有振臂一呼的“气势”，却在我们每一个人的头脑中掀起风暴。大家都说杨老师的报告“真是一场思想盛宴，精神大餐”。

在读书沙龙正式开始前，大家摆拍了一张照片。照片上，所有老师都像学生一起坐在座位上举起右手，像一群教室里的孩子正争先恐后地举手要求发言。前几排全是老师们一张张青春袭人的笑脸，而最后一排不起眼的地方，是几乎被前面年轻人遮掩的杨东平老师，他也高举起右手，脸上同样是孩子般纯真明亮的笑脸。

杨东平老师头衔很多。百度上这样介绍——

杨东平，男，1949年9月生，北京理工大学教育研究院教授、博导，国家教育咨询委员会委员，国家考试指导委员会委员，中国陶行知研究会常务副会长，21世纪教育研究院院长，自然之友理事长。主要研究方向为教育现代化理论、教育公平、教育公共政策等，曾任中央电视台《实话实说》、凤凰卫视《世纪大讲堂》总策划。

然而，生活中的杨东平老师低调、内敛，甘愿在年轻人后面默默助力。这恰恰是他自然而然的为人。

有人曾经对比民国时期的大师们而发出感慨："现在只有教授，没有先生。"我觉得这话说得绝对了一些。应该说，在我们这个时代，真正的先生虽然不多，但还是有的。比如杨东平老师，他就是具有传统知识分子风范的现代学者。他善良而正直，纯真而睿智，温文尔雅但决不世故，博学多才而视野开阔，与人为善而又恪守原则，见解深刻而从不咄咄逼人，勇于批判但更富于建设……尊重、平等、宽厚、大度，在他身上得到充分的体现。

杨东平完全可以被称作"先生"，或者叫"君子"。

搞教育就是写历史

旅美教育专家　黄全愈

一、是什么机缘让我接触到了教育事业？

我出生于教师家庭，父母都是老师。父亲聪明好学，是个地道的农村孩子，揣着祖父卖耕牛的钱，到当时的省府，就读于桂林中学。后来，居然考上北京大学西语系。抗战时转到昆明读“西南联大”。闻一多的《最后一次演讲》，父亲去听了，炸弹一响，摔倒在地上。父亲说过多次：“怪啦，想爬就是爬不起来。”据说，父亲假期也“打工”，给修机场的美国空军当翻译。抗战胜利后，父亲到北京读了一年书，就到柳庆师范和柳高当老师。1958 年被划为“右派分子”，这才是“想爬就是爬不起来”。父亲生性乐观，白天敲钟、油印、刷墙，晚上还常给我们讲些“三国”和“水浒”的故事。

父母是桂林中学的同学。我大舅曾经两度出任桂林中学的校长，不知大舅当时是否认识我父亲，我没敢问。抗战后期，母亲到中山大学就读。后来，在柳州成立了小家庭，她就一直待在家里相夫教子。直到父亲被划为“右派分子”，母亲就去市郊的一所刚建的中学当老师。记得学校很荒凉，路上还不时能见到大孩子吓小孩子的“坟地”。其实，我对教育的接触和理解，更多的是来自我母亲（当然，作为一个“勤杂工”的儿子，换一个角度看教育，也有独特的理解和意义，但那是另一个话题）。

很多学生都称我妈妈为“母亲”。儿时，我曾很不理解：那是我的妈妈，又不是你们的妈妈。

母亲高度近视，晚上去家访，总要带上一个孩子做她的“小拐杖”。结果，常常是我们睡着了，让高度近视的母亲一脚深一脚浅地背回来。其实，母亲才是领我们步入人生的“拐杖”。

我第一次体验到什么是“权威”，那已是很久以前的事情了……反正我还很小。一天，有人重重地敲我们的房门。开门一看，是一个阴沉着脸的大汉。他跪倒在我母亲面前：“何老师，您还记得我吗？我是 XXX，我是一个罪犯。如果听您的话，我就不会坐牢了。在监狱的每一天，我都在想：出狱的第一天，第一个要见的人，就是您——何老师！”

我当时直发抖。

母亲平静地说：“站起来，不要跪着！”

大汉开始磕头：“何老师，如果您不原谅我，不认我这个学生，我就不能站起来！”

母亲轻轻地叹了口气：“只要改正错误，你就还是我的学生！”

我蜷缩在墙角，一动不动……不知道为什么瘦弱的母亲，对这个强壮的罪犯，有如此超凡的震慑力。

许多年后，我才知道，原来普通的中学教师也可以拥有与警察一样强大的精神力量——“权威”！

于是我也想成为与威风八面的警察一样有震慑力的老师！

当然，有个问题也开始不断地困扰我：为什么一个弱不禁风的老师可以有一个全副武装的警察的震慑力？

好玩的是，在想通这个问题前，我已成为一名教师。“权力与权威是不同的概念”，是当老师后想通的，好在没影响我走上教师的道路。

在现实中，许多人既有“权力”又有“权威”，这是毋庸置疑的。我们特别需要注意的现象是：“权力”和“权威”的剥离！也就是说，不少有“权力”的人可能并没有“权威”；或者与之相反，不少拥有“权威”的人却可能没有“权力”。毋庸置疑，美国总统拥有超级强大的“权力”，但是有些美国总统在普通百姓心目中没有任何“权威”，以至于成为茶余饭后嘲笑的对象。老师无疑是拥有“权力”的，但是一些老师可能在学生心里并没有“权威”。他们可能声嘶力竭，甚至歇斯底里，但是没学生听。相反，某些在教室里根本无权力可言的学生，轻轻的一声劝告也许比有些老师的千言万语还有分量。有时很难描述权威的来源。某人的一瞥可能足以在另一个人的心中树立无上的权威——大概这就是人格魅力。

权力是行政机构、宗教或文化给予某个职位、职务或角色行使的职权和权限。简言之，是上层和外在给予的，是物化的。权威是精神层面的感召力，需要自己去衍化、润育、穿透……旁人是爱莫能助的。

无论做父母或当教师，一定要弄清权力与权威的概念和边际，努力培养自己的人格魅力，切忌滥用手中的权力。

二、在当代社会，从事教育研究有什么意义？

我母亲是在抗战年间读的中山大学，主修历史，后来到柳州当了一名普普通通的中学教师。

我曾问母亲："为什么在著名的中山大学读历史，却当了普通的中学教师?"母亲看了我，想了想，意味深长地摸摸我的头说："孩子，搞教育就是写历史……"

许多年后，我才理解：历史并不掌握在政治人物手里，而是掌握在从事教育、培育孩子的人手中……

培育孩子就是在写历史！太意味深长啦……

我曾听有人说我妈妈搞的是所谓"母爱教育"。

在某年的某一个平凡的日子，在母亲的有生之年，她的学生集资重建了妈妈曾经任教的中学校门，唯一的要求：把我母亲——一个平凡的老师的名字刻在校门上。

我终于理解，为什么许许多多学生把我妈妈叫作"母亲"——世上最平凡而伟大的称呼。

三、《素质教育在美国》惹的"祸"

在20年前，我曾经写过的一本书，叫作《素质教育在美国》。这本书的写作和出版的前前后后，经历了许许多多有趣、发人深省、"张冠李戴"，甚至惊动到中美学界、教育界的关于"从理念到概念"的潜移默化的过程……

其实，我在《中国青年报》的"冰点"周刊也谈过《素质教育是个伪命题吗》类似的问题。

新东方的徐小平在博客中说，他们曾经为了翻译"素质教育"颇伤脑筋。徐小平曾经在哥伦比亚大学留学的同事的导师在中美教育研究中地位特殊——专门翻译中国教育中各种独有名词。然而，这位美国教授却不知如何翻译"素质教育"……

许多中国人都曾饶有兴趣地与美国人探讨素质教育的问题。美国人都一头雾水！更一头雾水的是国人：美国不是在实施素质教育吗？为何竟然不知素质教育为何物？

恐怕，这都是《素质教育在美国》惹的“祸”。

2010 年某日，秘书说：“校长办公室电话通知，有一位中国教育局局长下午将来访……”

我们是州立大学，惊动校长，一定与州里有关。果然，是“友好省（湖北）教育代表团”的一位成员，由当地学区督导（相当于国内教育局长）陪同来访。

刚一落座，客人就问：“您怎么看美国的素质教育？”

我一愣，哈哈大笑：“严格地说，美国不用‘素质教育’这个概念……”

他很惊讶地打断我：“您说美国没有‘素质教育’？”他一边说，一边掏公文包。

我意味深长地笑一笑：“这个话题非常有趣！美国有我们所说的‘素质教育’，但是不叫这个名字。不信，您问学区督导……”

他一边看学区督导，一边给我摊开几张中文报纸，并辩解道：“这不是说的素质教育在美国吗？”

我一看，乐了！这不是我在《中国青年报》的“冰点”专栏上发的几篇整版文章吗？

我的同事指着报纸上面的照片：“看看，这人是谁？”

他看看我，看看照片……突然眼睛发亮！

我点点头：“岁月是把杀猪刀。”

有人评价：“黄全愈的素质教育理念对中国现代教育的改革产生了深刻的影响。”

反对者：绝对言过其实！

支持者：现在有谁能够像黄全愈（作为一位教育研究者和父亲），花了数十年的心血，用“参与观测法”深入美国教育的“心脏”去做研究，并向中国的教育界、家长、孩子和大众，进行那么全面、系统、深刻地剖析欧美教育？更重要的是，黄全愈的研究对中美教育进行了双向“庖丁解牛”的阐释和剖析，对国内的教育提出发人深省的反思。因此没有黄全愈的系列丛书，国人恐怕根本不理解素质教育为何物！

其实，在许多年后，曾获得“普利策国际报道奖”（Pulitzer Prize for International Reporting）提名的《华盛顿邮报》驻北京首席记者，著名汉学、史学家 John Pomfret（中文名字“潘文”）的著名史学书籍 *The Beautiful Country and the Middle Kingdom*：*America and China*，1776 *to the Present*（翻译为《美国与中国》），记载了从美国建国（1776 年）至今的 200 年中美发展史。书中以“重新发现美国”的视角，叙述了黄全愈及其出版的书籍在中美发展史中的作用，并拿黄全愈与徐继畬相比①。作者评价道：“Huang wrote like a latter－day Xu Jiyu, the Chinese official who authored the first lengthy treatise on America.”（黄的写作就像中国近代撰写第一部有关美国的鸿篇巨制的官员徐继畬一样）。

2020 年 9 月 3 日，英国著名的《经济学人》杂志的文章《中国的学校正在努力使学生的生活更轻松，为什么有些父母反对?》说道：“2000 年初，一本关于在西方抚养孩子的畅销书《素质教育在美国》普及了素质教育的观念。素质教育指的是全面的教育，而不仅要重视知识，更要重视培养人格。美国学者特雷莎·关（Teresa Kuan）在《爱情的不确定性：当代中国儿童抚养的政治

① 徐继畬，清代著名学者，中国近代开眼看世界的先驱。其《瀛寰志略》推介世界文明引起轰动。

与道德》一书中写道，作者黄全愈在中产阶级中家喻户晓。2010 年，中国发布了一项十年教育计划，该计划承认中国的教学‘相对过时’，人们对素质教育有着‘强烈的向往’。”

中国在 20 世纪 80 年代，就提出了“素质教育”的理念。但是何为“素质教育”？国人众说纷纭，莫衷一是。2000 年，北京四中刘长铭副校长跟我说：关于素质教育，当时中国已有 54 种定义。2001 年，台州师范的张教授告诉我：关于素质教育，她已收集了 13 种译法。当然，很多人以为：课后唱唱歌、跳跳舞就是素质教育。还有教育学院的院长跟我辩论：应试是不是素质？若然，应试教育就是素质教育！

据孙云晓先生说，时任教育部长陈至立曾以为这个理念是原国家总督学柳斌提出来的，但是柳先生否认了。所以谁提出“素质教育”的理念，至今仍是一桩“悬案”。至于如何改革应试教育？如何实践“素质教育”？还是按照改革开放的总设计师邓小平说的：“摸着石头过河。”

经二十多年对教育的观察、比较、分析、研究，我写了一本书叫《跨文化之教育远足》，内容正是颠覆根深蒂固的应试教育，为教育的真谛正名——也恰恰是国人说不清、道不明的“素质教育”。于是我“洋为中用”地给这本书取了个中国名字《素质教育在美国》。

从此，有名无实的素质教育凸显了直观、生动、可操作、可实施、活灵活现、神形兼备的实质：激发创新、解放个性、尊重人性、鼓励独立、勇于质疑、敢于求异、善于发现、促发科研、学以致用、植根社会、领导力、强健体魄……

那年，人们仍然跟我争辩：应试教育比素质教育好！我说：考试仅为检测教学的手段之一。当这个之一的“手段”变成整个教育为之团团转的唯一“目的”，教育的本质已被颠倒！

沉默俄顷，听众又群情激愤……

我只好说：我们应该建议计生委允许生两胎，一个搞应试教育，一个搞素质教育。20 年后，让这两个孩子自己辩论……

想辩及不想辩的哄堂大笑。

次年，对素质教育人们已将信将疑，逐步消化……基本无人再质疑其真谛。

近 20 年过去了，计生委也同意生两胎了，但是还要不要再等 20 年，才有关于“素质教育”的结论呢？

有人说，其实哥伦比亚大学教授也不说“素质教育”这个名字，是我“张冠李戴”的。也有人说，素质教育从“有名无实”到“名副其实”，是我歪打正着的。

所谓“概念”，是人类在认识过程中，把所感觉到的事物的共同特点，从感性认识上升到理性认识，抽出本质属性而成。与“理念”不同，“概念”既有内涵又有外延。概念随着社会历史和人类认识的发展而变化。当素质教育从理念衍变为概念，就既有了内涵又有了外延——其含义和适用范围。

其实，素质教育的理论基础即大哲学家杜威的实用主义哲学。有趣的是，虽然美国不说“素质教育”，但是如果只给“素质”“教育”这两个词，不少美国人也能像山寨版“杜威”一样，将教育的本质如数家珍般娓娓道来……

有人说，《素质教育在美国》能成为年度非文艺类第一畅销书，是“时势造英雄”；其实是中华民族在强烈地呼唤素质教育，是中国教育改革的时势成就了我的研究。这本书出版后，一位教育厅厅长注脚性的概括：“反对（素质教育）者在为反对而反对，因为根本找不到着力点；推介者有劲无处使，也是找不到着力点。因为素质教育就是个空洞的口号，没理论、无内容。而您的书正好在这时，很直观、生动、理性、深刻、系统地回答了国人的种种困惑……”

2003 年 12 月，潍坊一位高中校长在我的报告会上说道：“您的素质教育理念已颠覆了中国传统的应试教育理念！”

四、做“传”播素质“教”育理念的斗“士”

《光明日报》的长篇报道《黄全愈：教育的“修桶匠”》写道：有人说，他像斗风车的唐·吉诃德；有人说，他像独行侠似的西部牛仔；也有人说，他像风尘仆仆的传教士。

我倒喜欢“传教士”这个称谓——“传”播素质“教”育理念的斗“士”。其实，作为“传”播素质“教”育理念的斗“士”，我也撒播了星星点点的“素质教育”。

比如，2001 年 10 月，我出版了《“玩”的教育在美国》。1988 年，我刚到美国教书，系里有一门课叫“休闲研究”，英文叫“Leisure Study”，引起了我的好奇，就与有关教授开始了探索。后来，到迈阿密大学攻读博士，就更关注这门课。其实，怎么翻译“Leisure Study”，怎么与中文里的对应概念联系起来，很费了一番脑筋。比来比去，觉得翻成“休闲学”较恰当。

但是，问题来了：中国的传统文化和社会文化，家长和老师对“玩”存在有多偏见。从“玩物丧志”到“纨绔弟子”，玩的“形象”很不好，“名声”也不正。只看到“玩”对孩子的“毁”人不倦，看不到“玩”的学问……

我第一次在这本书里提出，把“玩”同孩子的素质教育联系起来。从孩子的身心发展，从培养“社会人”的角度分析了孩子玩耍在孩子成长过程中的作用和意义；第一次把当年的“减负”与“玩耍”联系起来；玩，是孩子发现自我的桥梁；玩，是孩子情感发育的实践基地；玩，是孩子走进社会的模拟训练场；玩，是孩子道德养成的摇篮……归根结底：玩，是素质教育的摇篮！

这是对中国教育理念的一次突破性的研究。

2003 年，我出版了《“高考”在美国》。我认为这也是一本触及中国教育灵魂的书，由北京大学出版社和广西师范大学出版社联合出版。

这本书第一次正面、系统地展示美国“高考”的同时，深刻地剖析了中国的高考与美国“高考”的本质不同。

1.《“高考”在美国》的英文书名，出版社拟为 *College Entrance Exams in America*（美国高校入学考试）；但我改为 *College Admissions in America*（美国高校招生），因为这是两个完全不同的概念。

在美国，无论是俗称的“高考”的 SAT 或 ACT，仅是“考”而已，与高校录取相去甚远。但是，一个“考”字和一个“录”字，却泄露了中美高校招生的“天机”。

在中国人眼里：“考”就是“录”，“考”“录”不分；甚至以“考”代“录”。考好了，就录取了；考分即录取标准。但在美国，“考”和“录”是完全不同的概念，“考”并不代表“录”。

2. 美国“高考”用“终点思维”，让每一位录取者最终能站在“毕业典礼”上接受全面的洗礼（而不只是“开学典礼”的“赢在起跑线”的思维）。

一位院士朋友来参加孩子的毕业典礼，他曾深有感触地问我：为什么国内的开学典礼隆重异常，美国毕业典礼异常隆重？引起这位朋友思考的是：仅是重视起点还是关注终点的问题。“关注终点”——异常隆重的“毕业典礼”，必然是大进小出的炼钢炉模式——也就是，除“渣”成“钢”的流程和机制。

然而，我们推崇的高考只重视“开学典礼”——在“起跑线”上判断输赢。于是大学就成了进什么出什么，进多少出多少的“传送带”，而不是浇铸钢水的“冶炼炉”。

3. 高考到底是遴选“考生”还是甄别“学生”?

应试教育和素质教育的本质区别，可以概括为两个词的差异：“考”生 VS “学”生。

为什么中国孩子年年问鼎奥赛或 PISA，但直到 2015 年我们才获得一枚诺贝尔科学奖？因为应试教育是训练“考生”——寻找已知世界的现成答案者；而素质教育要培养探索未知世界的“学生”。

此外，我还出版了第一本系统全面地剖析美国的“天赋教育”，同时也尝试去颠覆美国天赋教育的理念的书——《天赋教育在美国》。

“天赋教育”就是俗称的“神童教育”或“天才教育”。

首先，美国 50 个州的每个学校（几乎每个具备条件的学校）都为 2%到 5%的孩子搞天赋教育。

其次，什么是神童？一般来说，最主要的指标是全国或州统考成绩在 98%以上或 IQ 指数 130 以上。

再次，怎么选“神童”？最热闹的是甚至自己的家长或者同龄人也能参加选“神童”。关键是民主、公开、透明。

最重要的是，我提出了“颠覆”美国天赋教育的主张，并在分析中美教育的现状与差异时，展示了在吸纳美国天赋教育的反思，比如应该培养“聪明孩子”，还是培养“智慧孩子”的问题。

“聪明孩子”能够知道答案，能理解别人的意思，能很快抓住要领，完成作业，乐于吸收知识，善于操作，长于记忆……

“智慧孩子”能够提出问题，概括抽象的东西，演绎推理，寻找课题，运用知识，善于发明，长于猜想……

显然，“知道答案”与“提出问题”等，不是一个等量的级别。因此天赋教育就是要创造一种环境，去培养孩子的创造性、好奇心、独立思考能力。

4. 对于怎么利用直播、音频、视频、短视频等，看待父母对子女的教育？

我秉持着一个“三‘不’两‘没有’”的原则——不谄媚低俗，不讨好应试，不祸害孩子；没有思想不讲，没有干货不讲。我在开播一个系列课程《从幼儿园到藤校法学博士那些事儿》（不同的平台可能会用不同的名字）。著名剧作家何冀平①这样推荐我的课程：如果可以事先知道人生剧本的结尾，你会重写吗？大多数人会重写。听黄全愈家庭教育课程，可以让你预先设计孩子人生的脚本。黄教授的儿子经历丰富：哥伦比亚法学院获各种荣誉的法学博士，到世界十大律所之一的最年轻的诉讼律师和持股合伙人。根据这个成长经历设计的课程，涵盖孩子成长的核心素质：创造性、独立性、学习力、想象力、同情心、自信心……也包括了经验教训、挫折彷徨，而不仅仅是怎么能上藤校。这将让你既能够避免走弯路，也能够从根本上改变孩子的人生。

太多的家长以为把孩子交给学校就完事儿了。其实，好的家庭教育事半功倍，能给孩子奠定成功的基础。

家庭教育是一个系统工程，但是许多家长是盲人摸象，摸到耳朵说大象像簸箕，摸到尾巴说大象像蛇……不看整体，只看眼前。家长要对家庭教育有长远的规划和眼光。

因为家长无证上岗，只能一边摸着石头过河，一边听风是雨；只专注眼前——踩着西瓜皮滑到哪里算哪里，忽略了家庭教育这个系统工程的大局……这是家长的第一个通病。

第二个通病是“孩子干，父母看”。

家长不惜血本逼孩子上天价补习班，但是家长自己不学习、不思考、不进取，干脆以没有“上岗证”为由，给自己一个偷懒的借口，就轻易地放弃了神

① 何冀平，《天下第一楼》《德邻与慈禧》《邪不压正》等的编剧。

圣的家庭教育。亲爱的家长，一定要牢记一个几乎不可绕过的“经验之谈”：成功的孩子背后，一定站着身体力行的伟大家长！

家长“临渊羡鱼，不如退而结网”——与其光站在岸边想得到水里的鱼，不如去织一张渔网。换言之，只有积极地参加各种有益的“家长上岗培训课程”，才能跨出“甩手掌柜”的家庭教育的第二大陷阱，去参与书写“从娃娃抓起”的人生剧本。

李镇西说

黄全愈印象

2000 年，一本《素质教育在美国》风靡中国大陆，一时洛阳纸贵。人们在热议“美国素质教育”的同时，记住了这本书的作者“黄全愈”。

后来查有关资料，得知黄全愈先生生于柳州。1982 年获文学学士学位，1988 年赴美国讲学，1989 年获美国维拉诺瓦大学“人的组织与管理科学”理学硕士学位，1993 年获美国迈阿密大学“教育管理学”哲学博士学位。旅美教育学专家，美国迈阿密大学亚洲学科部主任，被迈阿密大学授予“(学术）重大影响奖”，并被提名为杰出教授。中美教育和文化比较专家，致力于中美教育和文化交流。

没想到，2016 年 7 月中旬，我到诸城参加全国新教育实验第十六届研讨会，意外的收获是结识了著名的黄全愈教授。

到诸城的第一天晚上，我走进饭厅和新老朋友纷纷握手。也许是东道主的忽略，远处沙发上一位儒雅的长者，却没人给我介绍。他很有修养地站了起来，和我微微点点头，不卑不亢。我也给他点头回礼，礼貌中有几分矜持。我估计他也是这次年会邀请的专家。他脸上写满了疲倦。

直到坐在饭桌上，我才知道，他是著名教育专家黄全愈。我端着杯子走到他面前大抒其情："久仰久仰！幸会幸会！"他笑着并真诚地说："久闻大名。只是我经常把你和李希贵混淆。"我笑得差点把嘴里的饮料喷了出来。

我们的聊天很快进入正题。我说："我写过一篇谈中美基础教育的文章，我认为，许多中国人说的所谓'中国基础教育强，高等教育弱；而美国基础教育弱，高等教育强'，是不对的。虽然我并没有深入了解美国教育，但凭着起码的逻辑思维我就想不通，既然基础教育不好，人家为什么培养出那么多的创造型人才？我们的基础教育好，为什么我们高端的创新型人才那么少？如果一定要说中国基础教育强，那么这个基础拿来有什么用？"

黄全愈教授同意我的观点，频频点头："你说得对。关键是，这个基础是什么？美国培养出那么多的高端人才，没有扎实的基础显然是不可能的。就像一座大厦，怎么可能凭空在基础很弱的沙滩上？"

我说："是呀！说中国学生的基础很扎实，无非就是死记硬背了许多知识，如果这些知识无益于创造，拿来何用？"

他的幽默当然不仅仅是体现在日常生活中，还体现在其文章著作中。当年读其《素质教育在美国》，就因作者妙不可言的风趣语言而忍俊不禁。这次和全愈在诸城见面的一周前，也就是2016年7月4日，他刚刚在《中国青年报》上发了一文，对"核心素养"提出了质疑。

全愈认为，无论"素养"还是"素质"，都是语言形式，关键是培养的内容。妙就妙在，全愈为了说明这个观点，举了他和朋友一次关于"便当"与"盒饭"的争论；而他在描述这次争论时，语言机智幽默，令人捧腹大笑。

再后来，我请全愈到成都来为工作站的老师们作讲座。他欣然同意。在全愈的讲座中，高深的理论被论述得妙趣横生，俨然举重若轻，“就那么一回事儿”。我深感全愈是个善于独立思考也善于完美表达的学者。我对全愈兄更加佩服了。

下午全愈和工作站老师们在望江公园茶楼品茗聊天。窗外阳光和煦，竹影婆娑；屋内清茶淡香，妙语连珠。伴随着阵阵笑声，有关教育的严肃话题却如行云流水、风轻云淡……

那真是一个美好的时刻！

《比的认识》课堂实录

特级教师　吴正宪

一、引入“比”，提出问题

伴着上课的铃声，吴老师走上讲台：“今天这节课我们一起聊一聊和比有关的话题。”随后板书“比”，接着问：“你们知道‘比’是什么吗?”听到这个问题，同学们默不作声，都在仔细地思考。

“在过去的生活和学习中，你听说过‘比’吗?‘比’在你们的心中，是什么样子呢?”

生1：“足球比赛中就有比，2比1。”

生2：“我在‘金龙鱼’的广告里听到过1∶1∶1。”

生3：“我喝糖水也有比，1份糖，8份水，就是1∶8。”

吴老师请他们将自己说的“比”记录在黑板上。就这样，学生从生活经验起步，慢慢地展开对“比”的内涵的层层探析。

吴老师追问：“关于‘比’，有没有什么问题要提出来的?”学生思考片刻之后，有几只小手悄悄地举了起来，“‘比’在生活中有什么用处?”吴老师及时肯定：“问得多好啊！在没有‘比’的日子里咱们过得也挺好的。今天‘比’来了，到底能给我们什么帮助?”同学们都纷纷点头。“要想知道‘比’能给我们什么帮助，我们先得了解什么是‘比’。今天这节课，我们就从对‘比’的认识开始。”

【赏析】吴老师开门见山，让学生迅速投入本课所要研究的话题之中。教师还非常注重了解学生的已有基础，并充分调动学生的生活经验。“足球比赛”“金龙鱼”既拉近了教师和学生的距离，也拉近了学生和“比”的距离，让学生对这节课的学习不畏惧、有期待。

二、认识“比”，感受意义

1.“比”与关系

吴老师：“咱们就以沏糖水 1∶8 为例来讨论吧。”

同学们纷纷点头表示听懂了。还有一名学生说：“我觉得，就是把糖看成1份，水就是这样的8份。”吴老师顺势追问：“这正是糖和水的什么?”该生答道：“对比!”

吴老师顺应着学生的理解说：“好！你认为是对比，也很好。我们先来记录一下。”（板书：1∶8）

面对学生的每一个困惑，吴老师从不着急，总是站在儿童的视角，用儿童能理解的方式，帮助学生在生活经验与数学知识之间架起桥梁。就这样，学生渐渐地走近了“比”。

教师继续追问：“如果我们取10克的糖，应该配多少水呢?”学生异口同声答道：“80克水!”

“假如是 20 克的糖，要配多少水?”

“160 克水!”

“这次请你们自己配。”

生 1：“30 克糖，要配 240 克水。”

生 2：“40 克糖，要配 320 克水。”

生 3：“80 克糖，要配 640 克的水。”

随着学生举例，教师将一组组数据在黑板上对应着 1∶8 写了下来。就在学生初步感受到规律，并能够一组组地举例时，吴老师话锋一转，说：“就这样配下去，如果想成批量地生产这样的糖水，我们还可以配很多很多……刚才在配糖水的过程中，你们发现了点儿什么吗？跟大家说一说!”

学生们陷入思考，慢慢地，有人举起了手。

生 1：“我发现，不管怎么配，水的质量永远都是糖的 8 倍。”

吴老师：“这个同学说出了一个词，叫‘倍’!”（板书：倍）

生 2：“我们还可以把糖的质量看成 1 份，水的质量也就是 8 份!”（板书：份）

教师问：“1 份和 8 份，这也是我们原来非常熟悉的。反过来说，糖占水的多少呢?”

学生齐答道：“八分之一。”

教师：“我们也可以用分数来表示这个关系。”（板书：分数）

吴老师和学生就这样，聊着聊着就找到了比与倍、份数和分数之间的关系。这时，教师说：“除了从份的角度、倍的角度、分数的角度，今天我们又多了一个表示关系的角度——比。同学们体会非常好，它和旧知识是有联系的。”

【赏析】教师的一句“比和旧知识是有联系的”一下就拉近了学生和“比”

的距离，也增进了学生对新知识的熟悉感。吴老师激发学生结合实例说出自己对“比”的理解，让学生感受到“比”并不陌生，“比”也并不神秘，它和生活有联系，和学过的知识也有联系。

此时，吴老师再次话锋一转，问道：“既然有了倍，有了份，有了分数，为什么还要学习‘比’呀?”吴老师的问题一下点醒了学生们，大家若有所思地频频点头，但又一时无以应答。吴老师读懂了学生的心思，继续说道：“这事儿不急，我们带着问题继续来研究好不好？看看倍啊、份啊、分数啊，它们无能为力的时候，‘比’有没有独到之处呢?”

2.“比”与规律

吴老师引导学生观察这一组数，在“变与不变”的现象中发现变化的规律，渗透函数思想。

很快学生们感受到，每次不同的配比，糖的质量和水的质量，都在不断地变化，但总有不变的，就是两个量之间的倍数关系。

生1：“1∶8‘管着’糖和水之间的关系，使得每次配出的糖水都是一样的。”

生2：“不管是少配一点儿，还是配很多，都可以！这种变化是有规律的。”

老师追问：“是什么规律呢?”

生1：“糖扩大2倍，水也跟着扩大2倍；糖扩大3倍，水也跟着扩大3倍；糖扩大4倍，水也跟着扩大4倍。”

生2：“也就是说糖扩大几倍，水也跟着扩大几倍。”

此时，吴老师自然地提起了足球比赛的事：“上课时你们说足球比赛里有2∶1。按照‘比’里这两个数量变化的规律，足球比赛结果是2∶1，如果甲队进了4个球，乙队得进2个；甲队进8个球，乙队得进4个……比赛中有这样的事吗？”

生：“没有。”

吴老师解释说：“是的，这不合常理。它跟今天的‘比’确实不大相同，比分只不过是进球数量的记录而已。”

对话中，同学们对概念的理解渐渐地从表面走向深入，从零散地看数据变为联系起来看数据，从只关注数量变为关注规律……从简单的情境中，慢慢体会着“比”的深刻内涵。

3.“比”与顺序

当学生对“比”有了较为深入的理解和感悟后，吴老师继续追问：“糖和水的比是1∶8，我说水和糖的比也是1∶8。你们同意吗？”

一个小姑娘大声地喊道：“同意！”

吴老师将她请到台前，问道：“你认为可以，问问同学们，看看他们同意不同意。”很多同学迫不及待地喊：“不同意，不同意！”

一个学生站起来解释：“糖是1份，水是8份。如果按你说的水是1份，糖是8份，就不对了。”

听到他的解释，很多学生都笑了起来。吴老师关切地问那名小姑娘：“你听懂了吗？”小姑娘笑着回答：“懂了，先说水的话，水和糖的比就是8∶1。”

吴老师一边介绍“比”的各部分名称，一边板书：“‘比’还是挺讲究的，在叙述的时候一定要讲顺序。”

【赏析】在“调配糖水”的过程中，引领学生研究一个具体的比，并以问题串推进课堂对话，帮助学生理解“比”与“倍”、“分数”和“份”的联系，透过“变与不变”的现象感受“比”是有规律的、“比”的表达是有顺序的，进而初步理解“比”的数学本质。

三、寻找生活中的“比”，加深对“比”的理解

吴老师：“像这样的‘比’，在生活中有吗？请同学在小组里商量一下，举例解释。”同学们分组展开了交流。不一会儿，就有了丰富而精彩的汇报。

第一组：“我的小弟弟要喝奶，沏奶时奶粉和水的比是 1∶5。”

吴老师追问：“如果小弟弟想喝得稠一点儿怎么办？”

生：“可以用 1 份粉、4 份水，就是 1∶4。”

师：“小弟弟想喝得再稀一点儿怎么办？”

生：“可以用 1 份粉、10 份水，就是 1∶10。”

师：“这个含奶量浓不浓、稠不稠，谁可以帮我们看出来呀？”

生：“比。”

师：“你们对‘比’又有什么新感受？”

生：“‘比’还能帮我们测量出奶浓不浓，淡不淡。”

师：“‘比’还有什么功能？”

众生：“测量。”

看得出，学生不仅对“比”有了准确认识，还能够灵活地应用了，体会着“比”的“度量”功能。

第二组：我们出国都要换外币，比如去泰国，人民币 1 块钱就换 7 泰铢。这里也有比，就是 1 元人民币比 7 泰铢，即 1∶7。

第三组：我们讨论的是洗衣服时用洗衣粉，比如放 1 份洗衣粉，要放 2 份水。

听到这个小组的讨论结果，吴老师说：“这里确实有比——1∶2。可是这

样洗衣服，洗衣粉可太浓了，你还得再调整调整。”在吴老师的引导下，学生说出了 1∶100、1∶200 等不同的比，不仅深入理解“比”的含义，更感受其合理性。

第四组：还有地图上也有比。比如图纸上 1 厘米相当于真实的 1000 米，就是 1∶1000。

吴老师及时鼓励第四组的同学：“真好！你们很善于观察。图纸，就这么大的一张纸片，上面 1 厘米的距离就可以代表实际的 1000 米，甚至几万米……地图上的‘比’还有一个特殊的名字呢，它叫比例尺。今后我们会学习到。”

【赏析】在研究了一个具体的“比”之后，吴老师让学生再来举例，说说生活中哪些地方还有“比”，学生的思维一下就被激活了。学生深感“比”并不陌生，生活中随处可见“比”。用生活中熟悉的情境加强对“比”的理解，反之，借助“比”更准确地分析和理解生活中的现象。这个环节不仅拓展了学生对“比”的理解，更丰富了学生对比的认识。

四、理解“比”，丰富意义

1. 在应用中深化感知

在拓展巩固的环节中，吴老师请同学们在生活情境中试着写出两个数量的比。

情境一：哥哥身高 155 厘米，妹妹身高 1 米。

两位学生板书写下了哥哥和妹妹的身高比。

生 1：155∶1。

生 2：155∶100。

吴老师首先请第一位同学介绍了自己的想法。

生1：“哥哥身高155厘米，妹妹身高1米，所以是155∶1。”“嗯，不对!”生1说着说着，自己就意识到了问题，并接着说：“1米等于100厘米，要改成155∶100。”

吴老师转身问大家：“有问题吗?”

一位同学站起来问道：“为什么呀?”生1继续说：“因为这两个的单位不一样，155的单位是厘米，1的单位是米。”吴老师追问：“在写‘比’的时候，首先要做什么?”

生：“统一单位。”

“的确，在确定一个比时，首先要构建一个比的标准，也就是要统一单位。如果在刚才的‘155∶1’中，1不动了，你有办法吗?”

刚才出错的那位同学自己在黑板上写下一个小数点，将比改成了“1.55∶1”，都改成以米为单位的数。吴老师接着说：“你们瞧，错着错着就对了，聊着聊着就会了。同学们课堂上不要怕出问题，吴老师也会出问题，多讨论讨论就清楚了。”

情境二：某县城一所学校有教师100人，学生3000人。这里有比吗?

学生在黑板上写下“100∶3000”和“1∶30”后，解释其含义：1∶30这是将比化简了。

吴老师为了让更多的同学理解“化简”，做了个形象的比喻：“就是把100打包了，把100看作一份儿，同样，3000里有30个100，那就是30份，所以是1∶30。这个1∶30是什么意思呢?”

吴老师又一次把“球”抛给了学生。通过对话，学生理解到：“有30名学生就得配1位老师。”

吴老师接着问：“假如吴老师就是这所学校的校长，看到下面的信息，你想对我说点儿什么吗？”

◆ 根据国家有关部门规定：
◆ 城市小学的师生比是 1∶19
◆ 县城小学的师生比是 1∶21
◆ 农村小学的师生比是 1∶23

学生在短暂的阅读和思考之后，很快就有话想说了：

生 1：“因为是县城小学，国家规定师生比是 1∶21，可是您的学校已经是 1∶30 了，学生太多了。”

师：“有什么建议给我吗？”

生 1：“我建议您应该把你们的学生人数再减少一点。”

师：“让我的学生走，别在我这儿上学了？这个建议我可不能接受啊！”

生 2：“我觉得可以多加些教师！”（多数学生表示赞同）

师：“为什么？”

生 3：“得按国家有关规定配老师。”

师：“真好，按规定办事。”

吴老师在引导学生分析比的过程中，感受着比就在生活中，体会比的应用价值。

2. 在拓展中丰富认识

在前面的分析基础上，吴老师又出示了一组新的信息，请同学们继续尝试写比。

情境三：从北京到上海全程约 1500 千米，高铁共行驶了约 5 小时。

学生先后在黑板上写下了两组比，即“1500∶5 和 300∶1”，“1500∶5 和

100∶1”。

吴老师问：“这是什么意思？大家能读懂吗？”

生1：“‘1500∶5’就是5小时走了1500千米，‘300∶1’就是指1小时走了300千米。”

吴老师：“1500千米除以5小时得到了速度。今天，我们可以将‘1500÷5’写成‘1500∶5’，看来比和除法是有关系的。这个比也反映出路程和时间之间的倍数关系。”

有的学生点头表示赞同，也有的学生摇了摇头，认为不可以。质疑开始了。

生1：“老师，糖和水的比中有倍数关系，80克是10克的8倍，可是在这个比中怎么能说路程是时间的300倍呢？它们不是一回事啊。”

吴老师：“问得好。到底它们存不存在倍数关系呢？”

生2：“有份数关系。我们也可以把5小时看成5份啊，这5份正好对应着1500千米这个大份的数。把1小时看成1份，1份就正好对应着300千米这个小份的数。”

吴老师顺水推舟：“哎，原来在这里看到了3‘份’。那么份与份有关系吗？你们把1小时看作1份，1份对应着300千米这个小份的数；把5小时看作5份，5份对应着1500千米这个大份的数。”（吴老师有意用了孩子们自己说的“份”来解释）

吴老师一边说，一边板书，随后问：“观察这组数据，你们发现了什么？”

生：“路程变了，时间变了。”

吴老师：“什么始终没变呢？”

生：“每小时行驶的速度。”

吴老师：“对，也就是‘1小时对应着300千米’这样的关系不变。”

五、课堂小结，谈对“比”的感受

吴老师请学生用关键词的方法记录对比的感受。随之，学生纷纷走到讲台前，写下了自己对比的理解并展开了交流。

观点一：比是研究“倍数关系”的；

观点二：比的变化是有规律的，表达是有顺序的；

观点三：比跟除法有关系，8 除以 1 可以写成 8∶1；

观点四：比在生活中是有用的；

观点五：“金龙鱼”的比，也是我们研究中的比；

观点六：比是一把无形的尺子，它可以测量出两杯水中哪杯水甜，哪杯水淡；

观点七：我觉得比不仅能量出两杯水，谁甜谁不甜，还能量出谁快谁慢。它就像一个天平秤，虽然看不见，但能称出很多趣味来呢！

……

在这节课上，同学们跟随着吴老师一起学着、聊着，渐渐地丰富了对比的认识，也找到了比和旧知识之间的联系。

板书设计：

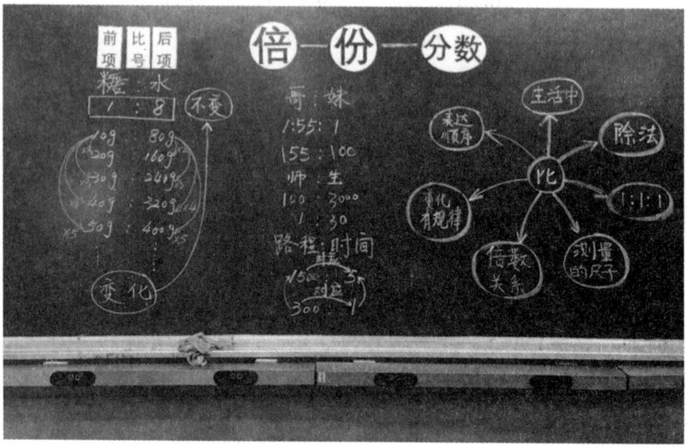

【赏析】“比”在生活中的应用非常广泛，其内涵也非常丰富。如何帮助学生在一节课中不断深化认识？吴老师以“写一写、议一议”的方式，引导学生在生活情境中慢慢走近“比”、理解“比”、应用“比”。就在对话中，学生走近了平易近人的“比”，理解了内涵丰富的“比”。

执教者：北京教育科学研究院　吴正宪

案例整理：北京小学　于萍　王伟

李镇西说

她有一颗儿童的心

对吴正宪老师，在很长一段时间里，我只知其名而不识其人。

认识吴正宪老师，缘于2010年暑假，我们一起参加由北京教科院班主任杂志社组织的到内蒙古锡林浩特的讲学活动。在机场见面后，因为教育，我们一见如故，滔滔不绝地聊了起来。

她说特别喜欢读我的书："我觉得我俩有很多共同的东西，那就是我们都讲教育的人性、人情！这也是你书中最能打动我的地方。"

一说到我们共同的理念，我们的话就更多了。我们开心地聊着：教育的爱与责任、人情、人性、人道……她说："我们虽然是第一次见面，但其实我们早就认识了，因为我们有共同的教育理念。我们的心早已相通。"

到了锡林浩特，第一天我和吴老师分别在两个地方作专题报告。傍晚，我们一起来到九曲湾，领略夕阳西下的美景。在草原，我们放飞心灵，笑声融入绚丽的晚霞。在蒙古包，我们引吭高歌。吴老师身披哈达载歌载舞，绽放出了特别美丽的笑容。在这一刻，我发现了吴老师之所以成为具有全国影响的著名特级教师的原因：童心！她的笑容如孩童般纯净，她的品质如孩童般纯正。因为有一颗永远的童心，吴老师爱孩子、爱教育，于是成了一代名师。就这么简单。

优雅而美丽、真诚而朴实、博学而谦逊、睿智而纯真，这就是短短时间内，吴正宪老师给我留下的印象。

在后来我多次听吴老师上数学课，包括她应我邀请专程到成都为工作站老师上课，每次听课我都特别感动。

究竟是什么让吴老师的数学课如此打动人？

当然有吴老师的教学艺术，但更重要的是，吴老师那颗爱孩子的心。这颗爱心，充满了尊重、理解、信任、宽容，这颗爱心同时又是一颗童心。爱心和童心，让她的数学课洋溢着浓浓的人情味。我是中学语文教师，但我从吴老师这堂小学数学课上，却感受到一种浓厚的情感的魅力。

整堂课吴老师说得并不多，更多的时候是充满了孩子们的笑声，还有叽叽喳喳的"争吵"，而吴老师显然很喜欢这样的课堂氛围，并参与其中。我油然想到苏联教育家阿莫拉什维利的一句话："谁爱儿童的叽叽喳喳声，谁就愿意从事教育工作，而谁爱儿童的叽叽喳喳声已经爱得入迷，谁就能获得自己的职业的幸福。”吴老师正是这样幸福的人。

吴正宪老师现在可以说是名满天下。她所拥有的荣誉和头衔数不胜数——数学特级教师，北京市优秀教师、全国模范教师、全国人大代表、北京市政协委员、北京教科院基础教育教学研中心小学数学室主任、国家义务教育数学课程标准研制组核心成员、北京教科院基础教育研究中心数学特级教师，享受国务院政府特殊津贴专家……在旁人眼中，她是“名师”，是“大师”。

但可贵的是，这些称号并没有锈蚀她那颗朴素而纯净的教育心。在孩子眼中，她依然是一位博学而富有爱心的老师。当孩子们依依不舍地围着吴老师的时候，吴老师也张开她的手臂拥抱着孩子们。我又想到苏霍姆林斯基的名言:“对孩子的依恋之情，这是教育修养中起决定作用的品质。”吴老师正是拥有这样的依恋之情，因而她当之无愧地具备了“教育修养中起决定作用的品质”。

不知从什么时候起，我们的教育越来越“理性”“客观”“冷峻”，似乎越来越有一种“唯技术”的“科学倾向”。教育实践被视为“科学的技术操作”，学校被当作“人力加工厂”，把教师当作工人、学生当作加工对象，在教学过程中甚至在教学方法上，都追求一种规范、统一、精确、共性的程序和法则。在教学内容上，丰富多彩的教学内容被“科学之刀”精确地肢解、切碎，然后往学生脑袋里源源不断地注入……在这过程中,“人”却被忽略了！

在这种背景下，吴老师的数学课已经超越了数学知识的传授和数学能力的培养，它所包含的人文精神——尊重、平等、自由、宽容、信任、和谐……应该说对所有学科的教学都是有意义的。苏霍姆林斯基说:“教育——这首先是人学。”陶行知说:“真教育是心心相印的活动。”两位教育大师不约而同地把教育指向了人的心灵。

吴老师的课堂有着鲜明的“儿童视角”，因为她不但有着纯正的教育心，而且还有一颗儿童的心。

创建有文化含量的智慧课堂

教育专家　程红兵

好的课堂有三个层次：规范课堂，高效课堂，智慧课堂。三种课堂都是好课堂，但有层级差异。这里先概要地介绍规范课堂、高效课堂，最后重点介绍智慧课堂。

一、规范课堂

规范课堂的基本要求：教学目标要适当。教学目标是聚焦在学生的行为上而不是简单地聚焦在教材上，是教师要让学生学习什么、完成什么、做好什么。教学内容要恰当，要正确、科学，要体现学科要求。现在课堂教学改革有些老师偏离了学科内容的基本要求。教学方法要得体。现在课堂改革中有些老师学了许多专家、名师的教学方法，却也存在很多问题，比如有的老师上课像表演，学歌星、影星的一套做派，不自然、不得体。下面具体说明规范课的基本要求：

（一）教学目标要适当

教学目标用什么表示？应聚焦学生的行为，即用可以观察到的学生学习行为来表述、证明。还可以进一步具体化，列出完成行为的条件，将学生完成行为所需的条件具体化，越具体的目标，课堂教学越有效。

（二）教学内容要恰当

教学内容要恰当就是内容要科学、正确，有意义。

案例一：

某位家长拿了一套某地幼儿园升小学的测试题，让同事做。

题目是：1到9，9个数，按照要求给它们分类，比如“1、3、5、7、9”与“2、4、6、8”是按照奇数、偶数来分类，那如果是“1、3、7、8”“5、9”“2、4、6”这三组数列是按照什么将它们分成三类的？

一个同事说：“这是一个心理学实验嘛。‘1、3、7、8’是奇偶混搭，‘5、9’是纯奇数组，而‘2、4、6’是纯偶数组。”这个答案被否定掉了，其他同事给出的各种各样的答案都被否定了。而所谓正确的答案却是“按照拼音来分的。‘1、3、7、8’都是一声，‘5、9’都是三声，‘2、4、6’都是四声……”这很显然是语文老师出的怪题，毫无意义，这样的试题方向偏了，它考不出学生的真实水平。

案例二：

某校高中历史模拟考试题目：“黄花岗起义第一枪是谁开的？”孩子们经过复习都知道是黄兴开的。哪知道题目没完，继续问：“黄花岗起义第二枪是谁开的?”孩子们愣住了，一般都是只记住第一，没有人会想到记住第二。题目还没完，继续往下出：“黄花岗起义第三枪是谁开的?”所有考生彻底晕倒。如此怪题学生无从回答，同学们愤愤不平，下课找历史老师评理，历史老师找出教材，上面写着“黄兴连开三枪，揭开了黄花岗起义的序幕”，以此证明他出的题是有依据的，没有超纲、没有超本，弄得学生哭笑不得。这样的题目有意义吗？这究竟要把学生往哪儿引呢?

内容恰当与否还要考虑是否基于学生，老师教给学生的内容要根据学生的情况来确定。

（三）方法要得体

课程改革之后，老师们想努力改进教学方法，但有时做得不得体、不自然。

案例一：

有个青年男老师借班上课，一上来就莫名其妙地提了一个问题：“同学们，你们看我长得怎么样?”孩子们无法回答老师的问题，老师只好自己说了：“我很丑。”这明显是自我贬损。他说这句话不是目的，是为了带出下面一句话来，“但我很温柔”。一个男老师怎么说出这么娘娘腔的话来？这句话还不是目的，他是为了引出下一句话：“希望同学们能够在我温柔的课堂上诗意地栖居。”听完这句话我什么感觉？浑身鸡皮疙瘩都起来了，很不得体，非常做作。课堂教学开头固然重要，但一定要得体、自然。

案例二：

二年级学生正在学习《带着尺子去钓鱼》一文。文中说，在丹麦，钓到

22 厘米以下的鱼必须放生，否则就会受到严厉的惩罚。教师在不该提问的地方问学生：“他们会受到怎样严厉的惩罚呢?”小学语文老师咬文嚼字的能力很强，问话的逻辑重音落在哪里，常常就是答案的方向在哪里，学生经过老师多次训练已经非常清楚。这一次教师问话的重音落在“严厉”上，第一个学生大胆想象：“把钓鱼人丢进海里！没收他所有的钱!”教师摇了摇头，学生一看老师摇头，以为惩罚力度不够。第二个学生说：“让他坐牢 20 年。”教师一听不是答案，又摇了摇头。第三个学生再次加码：“判他无期徒刑。”教师还是没有回答，仍然继续摇头。最后一个学生只好说：“枪毙!”很显然这个答案是被这个老师不断摇头摇出来的。

这节课的教学目标之一是让学生懂得公民应遵循法律，但学生回答的答案恰恰是随心所欲、草菅人命。从教学技术的层面上说是教师在不该设问的地方设问，而当学生回答偏离轨道时，没有及时把他们拉回来。

作家黄炳煌说，打高尔夫球，只要自己打得好即可；打网球，还要留意对方，有来有往；打篮球，还要兼顾团队成员的合作。一些教师采用“打高尔夫球”的教学法，有去无回，根本不注意学生反应，也不注意学生团队合作。

二、高效课堂

课堂教学要做到低投入，高产出。我们许多课堂是高投入，低产出。上海 PISA 测试两次获全球第一，是高产出，但又是高投入，因为上海学生学习时间远超过欧美学生。

高效课堂至少有三条标准：目标精确，即要有水平要求，水平要求就是对时间、数量、质量有具体的要求，而我们多数老师没有；内容精当，即目中有人，高效课堂的教学是目中有人的教学，是基于学生的教学，是服务于学生的教学，是促进学生发展的教学，是根据学生的实际设计的教学；方法精准，即心中有数，就是有差异，要针对学生的差异进行有效的教学，即用不同的方式教不同的学生。

（一）目标精确

案例一：

英语课，学单词，老师事先设定了一个水平要求的目标，“学生对所学单词的拼写准确率要达到90%以上”。有这个数量概念，并告知学生，师生一起努力达成，这堂课就会有比较高的效率。

案例二：

有位历史老师定位一堂课的目标是：上完这堂课之后孩子们不看笔记，应该写出引起第一次世界大战的五个主要原因，而且对每个原因进行评论性解释，全部完成时间 30 分钟。这个目标有时间概念“30 分钟”，有数量概念“五个”，有质量要求“评论性解释”。这样的教学目标清晰，效率自然提高。学生的时间不是取之不尽用之不竭的，如果没有水平要求，意味着这堂课肯定是低效的甚至是无效的。

（二）内容精当

案例：

一位年轻的女老师上初中语文古诗复习公开课，她给孩子们出了上联：“同学是小荷才露尖尖角，早有蜻蜓立上头”，要求学生用学过的古诗对出下联。一位学生经过思考说：“老师是满园春色关不住，一枝红杏出墙来。”全场听课的人哄堂大笑。这位女老师毫无思想准备，两颊绯红，不知如何应对，非常尴尬。这堂课开头设计的是一个很好的开放性的题目，学生会有多种答案。但老师备课时，没有备学生，如果备学生就会预测学生可能回答的答案，就会有所准备了。因此备课要备学生，课堂教学要“打开”，“打开”的课堂会引发学生的各种思考，但也会有意外。这对老师是个挑战，老师要善于因势利导。这位女老师如果跟进问：“你能不能说说你为什么这样回答？”老师就能找出学生思维过程中的问题，针对性地加以指导。事后我们问这个学生为什么那么回答，这个学生说：“这位老师心地善良，待我们很好，而且老师长得像杏花一样美丽，我们很喜欢她。今天有这么多人来听课，说明老师影响在外，这不就是红杏出墙了吗？”他的问题在于不懂得“红杏出墙”在中国文化中还有另外一层含义，找出问题所在，就可以针对性地对其加以指导。

（三）方法精准

麦黑尔“差异教学法”，要教约翰数学，不仅要了解数学和约翰，还必须了解如何帮助约翰用他自己的方式学数学。针对学生的差异必须采取不同的教学方法，分层教学就是针对学生的差异开展的教学，特需课程也是针对学生的差异进行教学。有位数学老师上课，她让后进生板演，让中等生纠错，让优秀生介绍更加简便有效的解题思路、解题方法，这一举措覆盖了全班不同层次的学生，真正做到了让每位学生都能得到发展。

课堂教学三元素，即教师、学生和教材，因此存在 3 种组合方式：教师带着教材走向学生，教师带着学生走向教材，学生带着教材走向教师。

教师带着教材走向学生。这种课堂以教师为中心，根据教师的教学设计一步步展开，按照既定的轨道往前推进，如果学生偏离了，老师立刻牵引回来。经验丰富的老师执教这种课堂驾轻就熟，上课的铃声响了，教师第一句话开始说；教师最后一句话刚一结束，下课铃声即时响起。整堂课几乎没有一句废话，效率非常高，其直接原因就是老师强势主宰课堂、控制课堂，把握话语权。而学生始终处于被动状态，学生被老师牵着走，这是典型的以教师为中心、教材为中心，是传统课堂中的高效课堂。新课程改革并不主张这种课堂。

教师带着学生走向教材。针对传统课堂教师为主的问题，新课程改革倡导学生为主体、教师为主导，教师是课堂学习活动的组织者，成为导游，学生是课堂学习的主体，像蜜蜂一样在教材中采蜜，在课堂中师生互动，教师引领学生走进文本深处，教材深处。

案例：

“只有一个地球”两个课例比较。

课例之一：

（学习文章第一段后）

师：“你们觉得地球美吗？”

生齐：“美。”

师：“你们能美美地读一下这一段吗？”

生齐：“能。”

师；“谁来读？”

生踊跃举手，师指名读。

师：“你读得不错。谁能再有感情地读一下呢？”

一生读。

师：“你读得真有感情。”

这就是教师带着教材走向学生，教师设计的问题简单平白，学生无须思考便可直接回答，教师牵着学生走，学生也完全处于被动。

课例之二：

特级教师支玉恒老师的教学情景。

师："你读了这篇课文后，会有什么滋味？"

生："甜甜的滋味。"

师："哪里让你感受到甜甜的滋味？"（老师顺着学生走，而不是牵着学生走）

生："文章第一段。"

师："你能把它甜甜地读出来吗？"（又是老师顺着学生走，而不是牵着学生走）

生读。

师："你为什么在'薄薄的水蓝色纱衣'这里读得很轻很轻呢？"（老师追问，让学生理性思考）

生："我感觉就像一个母亲看到婴儿，非常喜爱，好像怕吵醒他那样，所以轻轻地读。"

师："你的感悟真深啊！谁还能读出自己所理解的甜甜的滋味？"

同样的课文，同样的内容，不同的方法产生不同的效果，差异很大。支玉恒老师的课充分尊重学生的主体性，设问具有开放性，需要思考才能回答，学生从被动回答问题变为主动阐述自身的感悟，很有深度。

学生带着教材走向教师。学生是学习的主动者，自己学习，自己设问，自己思考，自己解决问题。当思考无法深入，遇到无法逾越的障碍时，学生才向老师请教，这是课堂教学的最高境界，但并不是所有课堂、所有同学都能实现的，难度很大。牛津大学著名教授斯梯温说："我可以把马领到河边，但我无法保证它们都喝水。"当下教师在促进学生自主学习方面尚缺少一些实质性的进展。

教师在课堂学习的过程中所应该起的主要作用在于：于无向处指向，于无法处教法，于无疑处生疑，于无力处给力。

评价课堂。过去我们总是看教师讲解的精彩度，老师讲解得精彩就是好课，而今天我们应该看学生的参与度，学生深度参与的课才是好课；过去我们总是强调教学环节的完备性，环节完备就是好课，而今天我们更应该考虑教学结构的合理性，结构合理才是好课；过去我们总是看课堂教学的活跃度，以为活跃的课堂就是好课，而今天我们更应该看每个学生是否真正进入学习状态，进入状态才是好课。

三、智慧课堂

智慧课堂至少包括以下几个标准：思维层次更高，开放程度更广，文化意味更浓。

（一）思维层次更高

杜威说："不断改进教学方法唯一直接的途径，就是把学生置于必须思考、促进思考和考验思考的情境之中。"课堂教学最重要的就是要创设思维情境，促使学生走进课堂积极思考。杜威还说过："困惑是思考的不可或缺的刺激。"学生所思考的问题是有价值的问题，也是有一定难度的问题，没有难度的问题，就不能激发学生思维的火花。

案例：

初中生物第一课的教学内容是生物的定义和判断标准。我们不妨预先设想一下：这一课的内容非常浅显，教学方法好像也只能是单一的，那就是就概念来说概念，从理论到理论，用概念解释概念，一石一鸟，而且第一课显然不可能靠实验来吸引学生，看来注定是枯燥乏味的。我们有办法突破吗？

美国生物教师萨拉上的第一课是这样开头的，她向学生提出了一个匪夷所思的问题："太阳是活的么？"多么漂亮的问题！所有的孩子从来没有想到过这样一个问题，所有的学生眼睛都亮了。有的学生说："是活的！"有的学生持完全相反的观点："肯定不是活的！"双方之间完全对立，互不相让。另有一部分学生，不能断言，不知所措。

接下来萨拉老师让学生按观点分组。持观点"不是"的为A组，站到教室左边。持观点"是"的为B组，站到教室右边。拿不定主意的为C组，站在教室中间。萨拉老师要求学生用5分钟时间组内磋商，然后萨拉请A、B两组对阵辩论，让他们轮流逐个发言，尽最大努力说服C组同学加入自己一方，辩论也等于是向C组发动攻势，最后比较哪个组争取C组学生加盟自己这一方的多。

A、B两组的学生们都使出了浑身解数。A组学生说："想想看，太阳怎么会是活的呢？它会喘气吗？它会走路吗？它会说话吗？它会想事吗？"好像都不会，A组学生振振有词、咄咄逼人。哪知道B组学生立刻钻到空子："植物是活的，你觉得它会想事，还是会说话了？"的确如此，植物显然不会说话。A组学生说："哈哈，猪笼草就挺会'想事儿'的，黏苍蝇吃还不聪明吗？"B组学生话锋一转，提出新的论据："太阳会发光发热，没生命的东西，比方石头，就不会发光发热！"A组学生立刻反驳："嘿，煤一点着不也会发光发热，你不会认为它是活的吧？（有人小声附和：还有微波炉呢！）"

B组学生说："太阳是恒星，恒星总有一天会'死'，变成白矮星和黑洞什么的，既然会死，现在想必是活着的嘛！"这是用倒推的方式得出结论。A组学生以其人之道还治其人之身，说："手机要没电了咱们还说它'死了'呢，难不成你觉得你的手机这会儿是活的？"A组学生说："生物都会繁殖，太阳可不会生小太阳!”B组学生说:“谁说生物都会繁殖,骡子会吗?狮虎兽会吗?”

C组渐渐分化着,不少学生加入他们赞同的一方,但也有不肯轻易屈从的中间分子。他们觉得A、B双方谁都有点儿理,但都还不够充分。一个C组小姑娘严肃地问:“你们争太阳是不是活的,‘活’的标准又是什么呢?”才准备鸣金收兵的对阵双方顿时又来劲儿了,A组学生说:“活的就要会呼吸,会繁殖。”“活的就是会新陈代谢!”B组学生说:“活着就是要和周围有能量交换。”“会死的东西才算活着!”

萨拉教师不失时机地收了网:“争论的焦点其实不是太阳,而是‘活’的判断标准。A组的‘活’,是生物学标准;B组的‘活’,是天文学标准。”当教师说到“能够繁殖”这条标准时,争上了瘾的孩子们又逮着机会了:“是生物就会下崽儿吗?那骡子跟狮虎等兽它们只能算非生物喽!”被逼得“走投无路”的萨拉笑着“投降”,反手又送出一招:“科学分类标准本来就是人定的,大自然那么复杂,人定的条条框框难免会有漏洞,有例外!”

这堂课是非常经典的课例,着眼于学生的思维训练。从课堂实施的角度而言,萨拉老师成功地激活了学生的思维,学生变被动接受为主动思考,萨拉老师课堂开头的设问就非常成功,打破程式化的理论解释,用一个新奇的、让人困惑的问题激发调动起所有学生的兴趣,一个问题激活全班同学,把全班同学放在必须思考的情境之中,接下来A、B两组相互辩论,就是相互促进对方思考、相互检验对方的思考。

值得一提的是,整堂课有三个地方考验教师。其一,在学生就事论事辩论一阵之后,有一个C组的学生提出“活”的标准问题,这个问题提得恰到好处,由刚才的现象辩论上升到标准辩论。事实上很多课堂学生限于思维能力,只能说到现象为止,那么老师必须点拨到位,要指导学生从现象到本质,从个别到一般。其二,当A、B两组陈述了各自的标准之后,老师必须加以明确的判断，这是对老师知识学养的挑战。一般情况下，很多老师会给辩论双方一个肯定的判断，草草结束课堂，但萨拉老师说出了非常到位的判断："A 组的'活'是生物学的标准，B组的'活'是天文学的标准"。今天是生物课，当然以生物学为标准，简明扼要，一语中的，可见萨拉老师的学科功力。其三，面对孩子的回答"是生物就会下崽儿吗？那骡子和狮虎兽它们只能算非生物喽"，老师又面临一次严峻的挑战。萨拉老师从容应对，以退为进，承认客观现实，"科学分类标准本来就是人定的，大自然那么复杂，人定的条条框框难免会有漏洞，有例外！"这句话还有激励的作用，潜台词是"你想研究吗？今后你去研究探索生物世界的规律，发明一个更加完善的生命定义"。从这个意义上说，这堂课里"不确定"的知识点即关于生物学的生命标准不能涵盖"骡子""狮虎兽"，比"确定"的知识点更重要。这个课堂的"留白"，或许就能点燃一些孩子从事生物学探究的理想之火。

从学习的效果看，这堂课的意义不仅仅是让学生学习生物学的生命标准。如果从掌握生命标准来看，不需要这么教学，只要让学生翻到教材相关页码，把相关知识点背下来，辅之以相关的练习，就足以对付中考。这堂课的主要作用在于训练学生的思维能力：一是对学生联想能力和类比推理的训练。课堂上学生们相互反驳的那些理由，或许我们会觉得太过浅显幼稚，但其中的意义也是明显的，比如从两个相距较远的"类"中迅速找到共同点。骡子和太阳都不能繁殖，手机和太阳都有能量耗尽而"死"的可能。作为类比推理的起跳板，这种远距离联想能力的培养是十分有利的，或许就会产生创造的火花，引起创新的想象。二是对传统科学观的挑战。传统的看法是辩论双方总有一方是对的，辩论的结果一定是一方胜出，而一方败北。但以今天的眼光看，科学争论的结果可能是双输，也可能是双赢；科学辩论也总会有不能完全被说服的"C组"人士存在，这第三方人士关于对立双方的观点既有认同，也有否定，不是简单地肯定一方，或简单地否定另一方。

这节课的区别既在当下，更在日后。一节课，我们或许觉得成效有限，但如果是10节课、100节课，萨拉老师在这个班级就这么一直教下去，教完6年中学，可以想象我们的学生将会有怎样的变化，其影响多么深远。

课堂教学的最高境界就是思维自由。美国学者奥斯伯恩在《科学》杂志上提到："科学家的特质之一即具有批判性和理性质疑精神，学生缺少发展科学辩论能力的机会，是现代教育的重大弱点。"尤其是中国教育，中国学生的问题在哪里？《中国青年报》曾经刊登了一篇题为《应试套路对付不了美国高考》的文章，中国学生SAT（Scholastic Assessment Test）的平均分数为1213分，美国学生SAT的平均分数为1509分，差距高达近300分。差在哪里？中国学生最大的问题出现在"比较和评价论点"这类题型中，因为这类题目需要学生剥离表象去探求文章的"前提假设"，同时对比不同作者的观点，"比较与评价"是"批判性思维"的核心。

中美考试的根本差别在哪里？中国的高考是面向昨天的考试，考查的是学生中学所学，评价学生对所学知识掌握的程度；我们只教给学生知识，没有培养思维能力。美国SAT则是面向明天的考试，考查的是大学所需，评价学生是否达到学习大学课程的能力。欧美国家更多培养学生的求异思维能力，而中国的教育则重在培养学生的求同思维，学生因此没有自己真实的见解。爱因斯坦说："科学就是反反复复的批判。"美国高中教育目标是培养学生善学、好学的品质和批判性思考的习惯，和面对问题、解决问题过程中执着思辨的情怀。

大凡技能性的东西可以速成，但批判性的思维需要日积月累，从小抓起。课堂的本质就是老师与学生当下的即时性的对话交流，通过对话交流碰撞产生的观点，这才是课堂成功的标志。如果学生没有自己的思想，就没有个性，而我们现在的教学从小学到大学都是教给学生一个个套路、模板、标准答案。结果学生没有自己的思想。我们评价学生主要看对知识的掌握；而美国考试评价的标准是看学生的思维能力，而我们的学生差就差在思维能力。

案例：

一名美国小学生 2008 年写给奥巴马总统的信：

我想告诉你，你当选，我有多么担心。我爸爸说，奥巴马当总统，我们都得搬到贫民院去。我爸爸说，我们得买鸡，靠卖鸡蛋过日子。如果我投票选举，我一定会投给约翰·麦凯恩。但是你能与家人住进白宫，我还是为你们感到高兴。

这段话虽然前后矛盾，但朴素真诚，有“我”在场，说的是孩子自己的话，有孩子自己的思维方式、话语方式。

案例：

某初中生优秀作文：

“踏过书山漫漫，渡过学海茫茫。我们带着梦想展翅，怀着向往奋飞。今天，创建文明校园，争做文明学生，我们不退缩、不彷徨。让我们燃起青春的烈火，迸发年轻的激情，面对老师和全体同学，立下不悔的誓言……”

这段话是宣誓体，调子高、气势盛、语言华美，但却是彻头彻尾的空话、套话，没有“我”的真实想法，没有独立的主体。

在这样的教育之下，孩子知识塞满了，智慧荒芜了；智商提高了，见识崩塌了。

（二）开放程度

课堂也有格局，格局要大，层次才高，格局狭小，层次局促。要促使课堂根本改变，还需要打开课堂，不要没完没了盯着小打小闹的细枝末节，而是开放课堂，让学生视野、心胸也为之开阔。

什么是智慧的课堂？学生带着问题走进课堂，又带着新的问题离开课堂，这就是智慧的课堂。做到这一步的关键就是老师的开放，心态开放，思维开放，课堂才会开放。

孩子们不再是单纯被动地接受现成的教材答案，让他们学会比较、学会鉴别、学会探究、学会批判。长此以往，学生的视野就开阔了，学生的思维就灵活了，他们不但会理解分析，还会批判运用，这不就是所谓的核心素养吗？

课堂打开之后，还需要聚焦，这是一个技术问题，需要老师引导，请看案例。

两位高中语文教师执教同一篇课文《项链》，课的前半部分两人似乎没有什么区别，教师先让学生阅读课文，然后教师提出问题："说出你对'项链'的看法。"最后学生畅谈心得。但是课的后半部分两位老师的处理却不尽相同。

A老师鼓励学生畅谈心得，有半数以上的学生发言，说出了自己的见解，并作了简单的阐述。如"挫折使人领悟了真实的生活""人不应该有虚荣心"之类的。A老师对学生所说的一些观点，都给予"有新意"一类的鼓励和肯定。直到不再有学生举手时，A教师进行简单总结。

B教师也是鼓励学生发言，但听完学生的发言后，他加以概括提炼，将学生的各种心得貌似无序地写到黑板上，然后加以组合。于是学生发言完了之后，最后形成四组八种解读：

性格的审视：虚荣—自尊；

情感的评价：同情—微讽；

人生的感悟：悲剧—喜剧；

哲学的思考：偶然—必然。

接下来B老师要求学生选择自己的观点与对立的观点进行辩论。学生兴奋异常，进入热烈辩论状态。

我认为A老师的这堂课是有问题的，他所组织引导的讨论是低效讨论，基本停留在学生各自说自己的话，每个人都是说给自己听，都不去听别人的观点，学生之间根本没有形成有效的对话。课堂上教师组织学生讨论，出现以下情况将导致讨论低效、无效：或者课堂情境中所显示的矛盾不够尖锐，或者讨论的话题两难情境不够明显时。显然A老师的课即属于此种情况，学生之间的观点没有形成矛盾，教师没有设置两难的情境，因而无法激发他们开展批判性思维的灵感。而B老师的课堂则完全相反，经过老师的提炼，把看似无关的观点组合起来形成矛盾对立，也就是开放之后要聚焦。聚焦在具体问题上，并且形成观点交锋式组合，于是学生之间就可以展开对话辩论，思维冲撞不可避免地产生，这堂课的效率大大提高。苏格拉底说："没有一种方式，比师生之间的对话更能提高沟通能力，更能启发思维技能。"而课堂内的生生对话、师生对话，关键还在于教师的把握，在于教师课堂上的适时调控。

上述案例有一些共同的规律，其中最重要的是教师的个人素养、知识积淀、临场捕捉、临场调控。A老师案例，在教学设计阶段就是开放的，把两种学生写的东西来作比较，没有相关的视野是做不到的。B老师案例，反映出教师出色的课堂调控能力，而之所以这样调控，与B老师对课堂的深刻理解是分不开的。只有这样深刻的理解，才逐渐培养成杰出的课堂驾驭能力。

教师思维的解放、视野的开阔才有课堂的打开。杭州越读馆郭初阳老师，"经典阅读课上，他会给学生讲史铁生的《命若琴弦》、法国作家菲利普·德莱姆的散文；文法与修辞课上，他会跟学生聊文学作品中的'幻境'，比照杜甫《对雪》中的那句'瓢弃樽无绿，炉存火似红'与安徒生《卖火柴的小女孩》的暗通之处；通识教育课上，他用《铅笔的故事》做铺垫，跟学生讨论经济学上自由选择的原理；艺术鉴赏课上，他会跟学生聊生活中的设计，聊日本设计大师原研哉；电影鉴赏课上，他跟学生一起看《灰熊人》《十诫》，谈人和动物的关系、谈生命的可能性。”① 教师以开阔的胸襟打开了课堂，从而打开了学生的视野。

课堂必须“打开”，这样学生才有智慧的头脑、开放的大脑。

何谓开放的大脑？讲几个故事。

一个漂亮的女孩同时被一个富小伙和一个穷小伙看上。为了考验他们，女方出题：谁能用一天的时间把空荡荡的房子填满，我就嫁给谁。富家子雇人买了很多东西往里填，但房间仍然有缝隙。穷小伙提了一盏灯进屋来，灯光瞬时把屋子填满。这个穷小伙就是有开放的大脑，有智慧。

再如，1992 年 2 月，柏林墙倒塌两年后，守墙士兵亨里奇受到审判。在柏林墙倒塌前，他射杀了一位企图翻墙的青年。法庭上，亨里奇的律师辩称亨里奇仅仅是在执行命令，别无选择。而法官西奥多不以为然，他的一番话振聋发聩。他说：“作为警察，不执行上级命令是有罪的，但打不准是无罪的。作为一个心智健全的人，此时此刻，你有把枪口抬高一厘米的权利。”这就是智慧。人要有柔软的心，要有良知，还要有智慧。

（三）文化意味

智慧的课堂要反映教师的价值思想，折射出人的观念，体现出很浓厚的文化意味。

---

① 引自马用雷《体制外的课堂还有这样的语文课！》。

案例：

考什么就说明我们重视什么，这就是价值思想，有什么样的价值思想，就有什么样的考试题目，有什么样的考试题，就有什么样的学生素质，就有什么样的民族未来。

郭初阳老师教学《〈伊索寓言〉一则》，别开生面，几易版本，给孩子们分别呈现了1.0版、2.0版、3.0版三个不同版本的寓言。

1.0版。有个牧人赶着羊到村外较远的地方去放牧，他常常开玩笑，高声向村里人呼救，说有狼来袭击他的羊。有两三回，村里人惊慌地跑来，又都笑着回去。后来，狼真的来吃他的羊了。他放声呼救，村里人都以为他照例又在开玩笑，没有理他。结果，牧人的羊全被狼吃掉了。这个版本是寓言原版。

郭老师让孩子们读了上面的故事后，请他们说说“这个故事说明了什么”。答案比较统一：说谎的后果很严重。郭老师则把这个版本的题目命名为《开玩笑的牧人》。

2.0版。有个牧人赶着全村的羊到村外较远的地方去放牧。他常常遇见狼，高声向村里人呼救，说有狼来袭击他的羊。很不巧，等村里人赶到的时候，狼都已离开了，羊也都没事。有两三回，村里人惊慌地跑来，又都笑着回去，以为牧人在开玩笑。后来，狼真的来吃他的羊了。他放声呼救，村里人都以为他照例又在开玩笑，没有理他。结果，全村的羊全被狼吃掉了。

郭老师已经对原版作了相应的修改，他把这个版本的故事叫作《说真话的牧人》。读完这个故事后，孩子们对上面两个版本的故事作了比较，发现说真话的牧人跟说假话的牧人的后果一样严重，甚至损失更惨重。

3.0版。有个牧人赶着全村的羊到村外较远的地方去放牧。他说自己常常遇见狼，高声向村里人呼救，说有狼来袭击他的羊。很不巧，等村里人赶到的时候，并没见到狼，羊也都没事。有两三回，村里人惊慌地跑来，又都笑着回去。有狼？这似乎是不可能的，因为很多年来，村里别的人从来没有遇见过狼，全村的人都不相信会有狼。但是那个牧人不断散布有狼的言论，让整个村子感到紧张不安。于是村里人勒令牧人戴上一个特制的口罩，让他保持安静，不许再发出声音。

后来怎么样呢？郭老师让孩子们猜答案，让他们设计一个特别的、出人意料的结尾。孩子们很优秀，通过思考、讨论，设计出了种种不同的结局，有平安的结局，有英勇的结局，有皆大欢喜的结局，也有悲惨的结局。郭老师把这个版本的故事称为《发出声音的牧人》。

郭老师跟学生一起小结了三个不同版本的故事，分别为“假话、真话、意见（难辨真假）”。郭老师适时地出示了大哲学家塞尔在《论自由》中的一句话：“迫使一个意见不能发表的特殊罪恶，乃是它对整个人类的掠夺。”郭老师让孩子们探讨这样四个问题：1. 在 3.0 版中，牧人的意见不能发表，最严重的后果是什么？2. 你有过“意见不能发表”的经历吗？感觉如何？3. 你有过迫使别人“意见不能发表”的经历吗？当时为什么这么做？4. 一个意见和整个人类的密切关系，你可以举一个例子来说明吗？

郭老师把孩子们的思维拉到了很深很远的地方，但他收放自如，最后引出伏尔泰的话“我不同意你的观点，但我誓死捍卫你说话的权利”，轻轻松松地将孩子们的思维拉回到最初的《狼来了》的故事，让孩子们明明白白地理解《发出声音的牧人》其实讲的是“发言权”“话语权”的问题，是“人人都有发表自己意见的权利”的故事！

毫无疑问这堂课是创新的语文课，创新的体现就在于教师彻底颠覆了传统的语文课堂、颠覆了语文教师的常态行为。一般的语文老师永远把教材文章作为客观存在，作为静止不变的客观实体学习内容，你可以选择不同的文章做教材，教材编者可以对原文进行删减，甚至改动，但很多老师是不去改动教材的，基本上就是拿来主义，老师只是研究怎么教好的问题，说到底基本停留在教学方法层面的改革。而郭初阳老师把教什么的问题摆在第一位，这是课程意识的最好体现，他的课堂改革改的就是教学内容，他重置了课堂教学内容，把传统名篇通过创造性的改编，其目标指向非常清晰，不是简单地教学生，也不是简单地教工具。他是在既教语文，又教思想；既教工具，更教德育，教做人，教未来公民所应具有的基本素养，即教学生的核心素养，学会尊重他人，学会尊重他人的表达。

应该说郭老师精心设计，非常巧妙，基于自己的教育目标，对教材内容做了微小但又是根本细节的改动，改动的目的不是推翻原文，而是拿原文与改动后的做对比，开玩笑，说真话，意见难辨真假，三种情况一一对比，凸显话语权的问题，凸显教学的主旨所在——尊重每个人的话语权。郭老师设问惜字如金，每个问题设计都非常考究，且环环相扣。我非常欣赏郭老师课堂最后所提的四个问题，尤其欣赏第三个问题“你有过迫使别人‘意见不能发表’的经历吗？当时为什么这么做?”这是让学生将心比心，设身处地，反省自己。我们有些学生担任班干部，秉承班主任老师的旨意，动不动管教别的同学，甚至于容不得别的同学辩驳，把自己的意志强加给其他同学，时间一长，他们很容易自以为是，走上社会，颐指气使，管控他人。为什么会这样？最根本的一点，就是认为自己的意见是正确的，认为自己的意见就是真理，因此容不得别人辩驳，而且要维护自己的面子，要维护自己的权威。这是一堂有文化含量的智慧课堂。

一线教师最喜欢听课观课的培训形式。通过听课观课，我们可以学习别人的教学技巧，学习别人的课堂模式，学习别人的管理方法，学习别人的技术手段，然后模仿运用在自己的课堂里。这当然是应该的，但是时间一长，也会出现这样一种情况，我们经常看到很多老师听课观课只关注这堂课上得好是用了什么方式方法、什么技术手段、什么教学模式，而不是关注人，不是关注这个把课上好的人，不是关注作为教师的文化素养。一堂好课的组成要素有教学技巧、教学技术和课堂管理方法，但是仅仅掌握一些教学技巧、教学技术和管理方法绝对上不出一堂有文化含量的智慧课。智慧的课堂需要教师有深厚的学科修养，需要教师对教育、课堂、教师自身的意义有深刻的理解，教育到底应该干什么，教育到底要培养学生什么核心素养，课堂里最应该向学生传递什么，教师到底是什么角色。深厚的教育修养、学科修养需要教师深厚的积淀，深刻的课堂理解需要教师有批判性思维。郭初阳老师之所以能够上出这样的课，是因为他对教育、对语文教学有自己独特的理解，他有自己的思想，有批判性思维，所以能够重构课程、重构课堂。我非常认同这样一句话："所谓教师是成人世界派往儿童世界的文化使者。"教师就是承担着文化使者的使命，对学生负有精神引领的责任。郭老师这堂课就是引领学生认识人生，认识未来，认识社会。郭老师进行了一系列大胆的探索与实践，产生了非常大的影响，他的课堂鲜明地体现了课程的意识。

李镇西说

纯粹、纯真、纯正的教育者

在我的记忆中，20 世纪 80 年代中期到 90 年代中期，中国基础教育界有一大批优秀的青年语文教师脱颖而出，可谓"群星璀璨"。其中"程红兵"这个名字格外耀眼。

"我把做人和做学问分开。做人要真诚，与人为善，尊重他人；但做学问，我却从不讲情面，勇于怀疑，敢于批评，只认真理，不看任何人的脸色！"这是程红兵对我说过的话，也是我从他身上学到的最可贵的品质。

如果不谈学问，那么生活中的程红兵低调而淳朴，甚至还有几分非常本真的憨厚，以至于常常成为我调侃甚至“欺负”的对象。每当我“取笑”他时，他总是“嘿嘿嘿”地傻笑。其实，红兵智慧过人、能力超群。别看他平时话不多，不显山不露水，可一站到演讲席上，便如同换了一个人——思维敏捷，视野开阔，高屋建瓴，意气风发，语言极富穿透力。因此我早就觉得苏轼所谓“大智若愚”，说的就是程红兵。

红兵待人特别诚恳。每次我到上海，他再忙都要抽出时间来看我。我在华东师范大学学习期间，他一有空就来陪我。我上网不方便时、我的电脑有点小问题时……都是他立马帮我解决的，生怕我有半点不方便。

他就是这样，不是只对我，而是对周围人都这样。凡是认识他的人，都说“程红兵为人真好”。冯恩洪做校长的时候，红兵非常尊重他，但从不去冯家串门。然而冯校长退下来后，每年春节红兵都要登门看望。切不要以为他对领导才如此。不，在红兵心中，尊重是没有高低贵贱的，真正的尊重是对“人”的尊重，而不是对职位的尊重。他出国学习考察，自然要带一些礼物回来。朋友那么多，不可能都照顾到，但他给司机的礼物是一定不会少的。所以司机在我面前提起“程校长”时总是很感动。

红兵是公认的好人。“好人”一词在时人看来有时是能力平常、学术平庸的同义语，但红兵不是这样的“好人”。一旦进入专业领域，红兵便显示出其智慧的魅力和思想的锐气，而且从来只认真理不认人——哪怕这个人是他的好朋友。

我第一次知道“程红兵”这个名字，就是和一篇文章《语文教学“科学化”刍议——与魏书生同志商榷》联系在一起的。当时，魏书生的声望如日中天，而程红兵基本无人知晓。但他站在人性的角度，直率而理性地对魏书生关于“人人有事干，事事有人干，时时有事干，事事有时干”等一整套“语文教学的科学管理”提出了质疑。

当我为这位素不相识的青年教师叫好的时候，无论如何也不会想到，几年后已经成了我朋友的程红兵也会对我说“不”。1999 年 5 月 6 日，成都市教科所为我组织了一个“李镇西语文素质教育观摩会”，红兵特意从上海赶到成都。那天上午，我上了两节作文评讲课和一节阅读教学课《拿来主义》，受到了老师们的好评。但红兵发言时，在对我的课进行了积极评价后，他直率地提出了批评，说我在阅读教学时为了“教学进度”，扑灭了学生已经燃烧起来的思想火焰；说我在作文教学中，侵犯了学生的“隐私”。他说:“李镇西老师是一个革命者，但还不是一个彻底的革命者!”我当然并不完全同意他的看法，但他有的观点确实击中了我这几堂课的某些软肋，而且我特别钦佩他公开质疑的勇气。于是，我即兴作了一个简短的发言:“谢谢程红兵老师的直言，这本身就说明了我与他的关系达到了一种境界!”

是的，从他当面对我说“不”的那一刻起，我就已经把红兵当作肝胆相照的朋友了。我们都认为，只有能够与自己碰撞思想的人，才是真正的朋友。我们相识 20 多年来，彼此都为拥有对方的真诚而自豪。

虽然他是全国“五一劳动奖章”获得者，还获得过很多荣誉称号，也担任过上海建平中学、深圳明德实验学校的校长，是中国当代最具影响力的教育专家之一，但是在我心目中，红兵至今依然是一名纯粹、纯真、纯正的教育者。

从上海建平中学，到深圳明德实验学校，再到现在的金茂教育集团……他以自己的智慧与胆略，在学校管理这个舞台上，将“舞”跳得如此优雅，如此有声有色、有滋有味。

红兵的意义，在于他用自己的行为与业绩告诉我们在这个喧嚣的时代，只要坚守内心的良知与理想，自觉拒绝世俗的诱惑与时尚的挑逗，一个有追求的教育者还是可以有所作为的，甚至可以走得足够远。

写作是每一位教师的核心能力

教育学者　张文质

从 1996 年开始，我就立意要写作。写作因阅读开始，从研究教师教学入门，写作方式是随笔。从教师视角，我体会到写作应是教师的核心竞争力。

一、写作没有那么神秘，只要走心即可

1996 年我开始正式写教育随笔。那时没有很强的目的性，有感想就写，想到什么就写一句。到了 1997 年夏天，我就决定写一本正在进行中的个人教育史。

“教育史”，原来是国家、民族等领域的大事，它往往要由一些专家来写。我决定写一本个人教育史，仅限于“正在进行中的”，不是盖棺论定，而是对一个人生命的实时记录。

有了一种方向，并决心朝着这个目标去写，而不单单是随性的、自由的，想怎么写就怎么写。

我原来写作的主题是非常随性的。那个时候我受到俄罗斯的一个作家的影

响。这个贫困潦倒的作家叫洛扎诺夫，同时他也是一个思想家。他的写作也是随机、即兴的，有纸片就写在纸片上，有桌布就写在桌布上，最夸张的是写在鞋垫上。

他为自己的作品起了一个名字，叫落叶体，闪光的思想就像秋风扫落叶似的散落下来。那个时候，我觉得教育的一些理念也是一种思想的闪光。按照洛扎诺夫的说法，就是一种对自己生命的痛击，像闪电一样掠过人的心里，留下灼痛，留下激情，留下神秘的印记。

我从洛扎诺夫身上得到启迪，就这样随性写，想怎么写就怎么写。我觉得，必须记录下个人生命的一些例子。在这样的基础上，我开始思考两个问题：

第一个问题，到底谁教育的问题。就生命的生成来讲，我是怎么来的？这真的又回到了高登的那句话：你从哪里来？谁教育的？是谁使你呈现出这种生命的面貌来的？

第二个问题，开始记录孩子的生命历史。那个时候我的孩子已经上学了，我从她刚刚上学起就记录她生命存在的一切。我的第一本书《唇舌的授权》，就记录了两个生命的轨迹，一个是我自己，另外一个是我的孩子。我写这本书时，是缺乏自信的，好在当时我是刊物的主编，于是就试着在自己的刊物上发一些出来看看，不是看市场反应，而是看读者反应。那个时候的刊物充斥着各种各样的论文、案例、思路，而我这种带有叙事性，充满诗意、批判、热情，并且含有悲愤情绪的作品比较少见。后来我们举办读者座谈会，来参加的都是老师，当问起老师们这一年读我们刊物有什么印象时，几乎所有人都说是被“张文质教育手记”打动了，对其印象都非常深刻。大家认为从语体来说，它是一种全新的语体，完全不同于教师写作，而是带有作家写作或诗人写作的那种色彩，但能带来非常大的震撼与思想的冲击。

还有一点也很重要，很多老师说看到我记录的一些学校、家庭，以及交谈的细节，大家都觉得自己也可以这样写，好像害怕写作的魔咒一下子被解除了，自己也获得了一种写作的自信：我也可以写这样的作品。

从老师这里得到了某种鼓励之后，我又给一些高校、学界还有诗歌界的朋友看，我心里还是蛮忐忑的。没想到朋友们看了后，首先对这种写作方式特别认可，另外对里面的立场也很认同。其实被我们称为作品的文字，里面都包含着某种立场。我的一个朋友就对我的作品做了归纳：它里面包含哲学的思考、诗人的想象、一个父亲的悲悯之心，又有教师的某种立场。它是四个维度的东西，还是能触动人心的。

也有学者认为随笔是思想学术的练习，它是一种不完整的学术表现方式。但我不认同，它只是思想的例子，更为重要的是在许多作品里，随笔是最见性情的，文如其人，其实指的就是这一类文体。你说诗歌，有时候即便是诗人所写，也不一定真正表达出他的生命；小说，你不好说那个主人公就是你，但是在随笔里面却最见性情。

在这本书里，我写得也是很随性的，很多东西都是在笔记本上留下来的，还有一些写在我随手拿到的纸片上。最后怎么成书的？当时正好一个老先生说帮我抄，后来他就帮我整理出来了。其实整理的时候，他拿到什么就按什么样的顺序整理出来，所以看到书里的内容，大家会觉得很奇怪，因为跳跃性很大——当然，不是我刻意这么跳跃，而是本身内容就有跳跃性。

出了这本书后，我就算出过教育随笔的人了，就算真正地踏入教育研究领域的人了。虽然之前 1997 年作家出版社出过我的诗集，但是我还是特别珍惜 2001 年出的《唇舌的授权》。我的一些朋友说，在《唇舌的授权》里，后来我所关注的教育的所有话题，都可以在那里找到表述。这本书可以看成一本我个人写作的母体之书。

二、写作自觉变成自己的生活方式

我一直在思考，叙事伴有比较强的诗性或者思辨性。其特点是直接用自己的声音和大家传递分享。对我而言，开始性格内向、不善言辞。就性格来说，按照阿德勒的说法，实际上它是会改变，并不是生来如此的。人最容易改变的恰恰是性格、性情、人与人的交往方式，很难改变的是智力，以及身体的某些能力。所以一个人要成为老师，就要变得热情、开朗、主动，像我身上就有这样一种很强的变化，我就从原来那种内向、羞涩、自卑中跳出来了，现在变得很主动，不论这个人年长年幼，是名人还是普通老师，我都会主动去加微信。

我真正独自开始这种教育的推动，其实是在 2001 年、2002 年，那个时候我就明确开始去推动做生命化教育，所以会不断领悟到，作为一名教师，引领人写作的能力何其重要。在各种文章里面，你可以看到作者的背景，可以看到他的立场，可以看到他的各种宝典；你可以认同他，当然也可以反对他。这些都是带着自己生命温度的。

我就在想，实际上所有能给人留下深刻印象者，无不是著书立说者、能说会道者。教师这个职业的专业性，就跟他的鲜明表达有关系。这些年我经常会跟老师们说，无论是学生、家长还是同事问你问题，在回应时你都要带着教师的专业性。你是一个专业人士，你不可漫不经心，不可敷衍应付，不可信口开河。教师言语的谨慎其实不是心灵的任务，而是一种专业的品格。

三、找到一个属于自己的写作主题

我在书店看台湾的教师、作家写的教育书籍时，真的感到很惊叹，惊叹他们对教育写作极为细微的呈现，一个小主题都有无数作品呈现出来，其实这也是研究深入的表现。我们很多研究还很粗放，最近江西高校出版社策划了一个免费为教师写作出书的“素养丛书”计划，但是投稿的老师并不是很多，很多投的稿子还是像 2000 年以后很多名家的写作随笔那样。我建议大家一定要形成自己的主题写作、专题写作、系统写作、系列写作，想大问题可以，但是你要找到一个个人研究的小入口。

这里讲的是写作时一方面你要有大的思考，但另一方面你还要宁静勿躁，要从你的课堂、教学、跟学生关系、阅读经验、童年成长、亲子关系出发，找到一个属于自己的主题，然后再把这种主题持续延续下去。

比如说我的一个徒弟，他开始研究的时候担任的是学校团委书记，所以就研究学生管理。我认为他这种粗放的研究没有太大价值，最后我让他盯着 13 岁做研究，因为 13 岁是人成长最为重要的分水岭之一，13 岁也是很多事件发生的年龄。后来他做了一个系列的访谈，并以访谈为主做了一个研究，叫“危险的 13 岁”。他把教育问题、青春期问题、亲子关系问题、社会的各种专题及学校的同事等都作为研究方向。我们这一期写作班还有一位老师，最近也有了一个写作思路，那就是研究青年教师怎么上好公开课，他自己本身体会也很深。从这种细微领悟当中就能够不断地拨云见日，看到生命的一个大主题，从而找到自己的主题，找到自己的词汇，找到自己的语调，最后形成自己的文笔。这都是我们需要努力的一种方向。

我觉得作为一名教师而言，一方面你要像作家一样写作，那是一种追求，另一方面，你又需要破除对写作的恐惧，最为重要的是你要动手，要从现在就开始，或者是把你已经开始的继续下去。实际上要有一个大的意念、愿景在推动，每个人的境界与思路几乎都跟自己言语能力的强弱相关。

当然言由心生，语言就能够看出你的品格，更重要的是语言就能看出你的境界，一方面，对于这样的引领，导师的点拨很重要，另一方面，你自己要不断去琢磨、去回味。年轻的时候我对做讲座特别恐惧，直到现在还保有恐惧。我经常说恐惧是我的特点，但它不是我的缺点，因为恐惧会使我产生更强的自觉与认真，我会更负责任地对待每一次演讲。所以我讲课就是这样的主题，我不会重复。我出了 30 多本书，其中有很多书是口述的，大家认为很复杂、很专业的书都是口述之作。口述很特殊，因为我就想写一本通俗易懂，又具有专业性的书，但我发现我不能够书面写作，而是要用讲出来的方式进行创作，讲出来的东西会让你阅读的时候更容易进入一种更为开放、更为平易的通道。

我读大学上俄罗斯文学的时候，老师跟我们说过一个俄罗斯文学的传统，有一些作家会插入一段跟主题完全无关的内容，他们称其为“抒情的插笔”。按照今天的编辑做法肯定会把它剪掉，因为它跟主题无关，但是在俄罗斯很多作家的作品里面都有这些被称为“抒情的插笔”的内容，作者写到这里突然产生了其他妙不可言的联想，虽然它看上去跟主题无关，但是思想的漫游却很精彩。

认识到言语表达能力跟写作能力的重要性，这是教师职业成熟的最重要的标志，我自己的领悟真的是一步一步推出来的，当然有人是生而知之，有人是学而知之，我是属于那种能在人生不断的困厄、谬误、迷茫之中慢慢获得清晰的方向的那类人。

所以当我写这些教育类书籍的时候，已经有了比较成熟的见解。这里面包含了我对写作的一种责任心。我意识到，写作不仅是言语的传播，更需要有作品意识。

实际上，我还是希望有更多人出自己的作品。出书是一件极为美妙的事情，那种幸福的体验很像又生了一个孩子。

好教师必须出一本书。你要立足生命，要把所有的思考、表达、行动变成文本。写一本书的前提，在于不断地读一本书。其实每年你都会遇到好书，每年你都会遇到对你特别有启迪的人。我自己最深的感触就是，年纪越大越有一种黎明的感觉，这就是黎明心态，就是你觉得一切在慢慢变得透亮，慢慢变得清晰，慢慢变得坚定。另外，你真的会觉得一切慢慢变得更美好；你慢慢变得更有生命热情，慢慢变得更乐于生活。我真的一直都有这样一种黎明心态。始终保持年轻最重要的秘诀来自心灵，我经常跟老师们说，不要问我年纪多大，我愿意始终保持这种最初的心态。

我很愿意一直继续不断写作、不断讲课，始终坚持做这样的写作者，像农民一样不停耕耘。你怎么说、怎么想、怎么做，无不与你的生命相关，这一点大家肯定能感受得到。

有位老师曾经说过一个很有意思的话题。他说一个人去登山的时候，刚开始会听到很多叽叽喳喳批评的声音；当你到半山腰的时候，还会听到非常尖锐的反对的声音；当你登上山顶的时候，就听不到这些声音了。你能听到的其实就是你心里的声音。为什么有时候我们会那么在意别人怎么评判？那是因为你的高度还不够高，你的信念还不够坚定。

当你登上山顶的时候，不管别人怎么非议，其实你活成你自己才是最重要的。人各有自己的脆弱，人都需要鼓励，人的生命的最为重要的特质，就是需要别人的肯定，但更重要的力量其实来自于自我革命，活成自己的样子，最终活出自己精神的一种向往，这是更重要的。写作也是如此，写着写着终有一天会写成自己。

我认为生命的高度往往是有自己的著作，自己的著作不仅是文本了，还有无数的学生，无数受你影响的其他人，以及你的生命所形成的各种各样的样态、各种各样的影响力、各种各样对他人的意义，这些都在不断垫高你的生命高度。我认识的好教师里没有一个是没有自己著作的。当然更为重要的就是，你要有作品意识，你要去自觉地完成自己的作品。你要努力以自己的作品参与到教育变革中，并成为教育进步的一部分。

我们的作品比我们活得更久，会在历史长河里熠熠生辉。我们的作品会引领我们孩子成长，成为他们的精神支柱。实际上我们的阅读、我们的写作、我们的作品，在我们的家族文化里面也会变成一种最精彩的传统。一个人的影响可以从家庭、村庄、社区，从不同的地方向外扩展。当然每个人都可以努力在精神上比自己的父母长得更高一点，这就是人生的某种方向。

李镇西说

把写作当作一种自觉

教育理论对教育实践的影响是巨大的，但所谓“教育理论”并不一定表现为鸿篇巨制，有时候也许就是一句有理论内涵的话。比如“教育是慢的艺术”这是张文质一本书的书名。

本来这句话也没有什么奇特，不过是普普通通的句子，平平常常的意思。但在当前教育日益浮躁甚至越来越急功近利的今天，“教育是慢的艺术”便如同一声惊雷，让人不得不重新审视教育，重新看待自己所置身的学校、教室、讲台，重新打量身边的每一个孩子。

在这个句子中，“慢”是精髓，它揭示了教育不同于政治、经济、军事的特点，不急不躁，春风化雨，从容不迫；而“艺术”二字则告诉人们，仅仅有爱心是不够的，教育需要智慧。

因为这句话，我对张文质刮目相看。在那之前，我是知道张文质的：诗人、家庭教育研究专家、生命化教育发起人、教育公益研修“教育行走”项目创始人。但坦率地说，对他的敬佩是从这句话开始的，因为我看到了一位真正理解教育、热爱教育、研究教育的诗人。

现在有些老师仗着自己在一线，有多年丰富的实战经验，便看不起真正的专家。但我要说，有的一线老师的“经验”让他直到退休都没有把握教育真谛，反而让他的专业水平一直停留在中小学他教的那个年级的水平。而张文质，虽然一线教学经历并不是特别长，却凭着自己对教育的理解与洞察，提出了许多积极的教育主张，进而影响了许多老师的人生，也指导了许多学校的教育改革。

第一次见文质，是几年前在绵阳，他邀请我出席他主持的一个教育论坛。我不过是讲了几个我的教育故事，但他在点评中却大加赞赏。本来在台下坐着时无比儒雅稳重的他，突然激动起来，说了很多很多。显然，他被我的故事打动了。那一刻，我断定，我和文质“尺码相同”。

有意思的是，文质对教育的思考不是从阅读入手，而是基于自己的教育经历，从写作开始。

他应邀到我工作站来演讲的内容，就是谈写作对他研究教育的意义。

正是写作中的这种深度思考，这种将教育与生命融为一体的思考，他的《张文质教育手记》陆续在刊物上发表，并打动了许多读者。

张文质说：“在我看来教育写作就是生命的手书。当说到手书的时候，它就包含了随性、自由、率真、不完整，甚至没有那么严肃，不那么一本正经。它既是一种思想的喷射，又是一种形式上的巨大突破。这是我当时对于教育随笔写作的思考。”

于是，正是由于张文质的倡导，一种新的教育表达形式诞生了。张文质将其命名为“教育随笔”。

他对老师们说，要把写作当作一种自觉，进而变成自己的生活方式。按我的理解，就是通过写作进行更深刻的思考、更广博的阅读、更智慧的实践，通过写作完善教育，让教育抵达生命，并推动每一个生命的精彩。

那天，文质演讲的风格也很独特。他不是刻板地站在演讲台前一本正经地演讲，而是很随意地在台上边走边说，没有夸张的言语，但感觉每一句话都从他的心里流出来，也直接在听众心田上流淌。他的声音很美，不徐不疾，不高不低，舒缓而流畅，语言准确而干净，显示出他思维的流畅和心境的从容。

再后来，他在网上开了一个名叫《文质说》的音频节目，每晚八分钟，专门聊自己对教育的理解。文质从事生命化教育多年，专注家庭教育多年，他有很多的感受、很多的体悟，他将这些感受与体悟，以聊天的方式娓娓道来，如同一个朋友跟你窃窃私语，又如同一位长者跟你殷殷忠告。

现在越来越多的人不但迷上了张文质的文字，还迷上了他的声音——那是他思想的翅膀掠过夜空的声音。

教师用课程育人的几个问题

教育专家　陈大伟

各位老师，大家好！

很高兴和大家交流“教师用课程育人”的话题。先说一下，为什么要讨论“教师用课程育人”这个话题呢？我个人有如下观点。

首先，课程建设和实施各有分工。课程育人中的课程从哪里来？谁来建设谁来提供？这需要方方面面的人来参与，不同的人有不同的参与方式、有不同的成果。比如教育部会设计和颁布课程改革的措施，制定课程纲要、课程标准，组织审定教材；专家和出版社则可能编写、出版教材；教师会对教材进行再次建设和开发。从实践层面讲，教师自身应该有对课程概念的理解，应该做出自己开发课程的努力。其次，我写过一本书《为了大多数教师的课程实践》，从教师的角度、实践的角度来看待课程问题，这是我一贯的立场。第三，国家制定课程标准也好，专家出版界编写出权威教材也罢，最终还是需要教师来落实。基于上述三点考虑，我选择用“教师用课程育人”的话题来进行交流，请大家多批评。

先说第一个观点，教育的产品是课程，教师是用课程育人的。

我们说，学校教育环境是影响孩子的特殊环境，也是影响孩子的更重要的社会环境。特殊性在哪里？过去和老师交流，我曾经说学校教育是在孩子可塑性最强的时候实施，现在反省，那样说可能有问题。因为人永远都未完成，永远都有可塑性。如果你愿意学习，现在你可塑性可能比别的孩子更强。因为你可能更善于学习，你知道自己需要什么样的学习，有了更适合自己的学习方法和经验，同时还可能更会利用学习工具，也知道学以致用，所以如果我们愿意学习并不固执己见，那么我们的可塑性可能会更强，我们还可以终身学习。

学校教育的特殊性在于：一是在专业的机构实施；二是由专业专职的人员实施；三是学生生活的环境是经过筛选和架构的环境，具有明确的目的，根据课程来创设的环境；四是学校还可能通过对社会环境的选择与影响，通过对家庭教育的指导，使社会环境和家庭教育的方式更合理、更有效。

但我们要注意的是，尽管有种种影响因素，如遗传、家庭、社会和学校对学生成长产生重要影响，但是学生的发展最终还是需要通过自己的努力才能实现。学校要找到自己的位置，老师要找到自己的责任。学校和教师不是直接加工塑造学生，学校和教师是借助课程的中介影响学生。

有些教师会认为，教育的产品应该是服务，服务学生的成长。但我认为服务是功能。服务学生成才，服务学生发展，这是教育的功能，是想要达到的目的。用什么来实现服务？那就是课程。教育是用课程育人。2007 年 8 月 4 日，我在《中国教育报》发表了《学校的产品是课程》。今天听课的很多老师，可能知道我提出过观课议课。2010 年《人民教育》回顾“创刊六十周年报道了最有影响力的事件”，一共 33 件，“观课议课”榜上有名。2021 年 1 月 7 日的《中国教师报》列出了 20 年来影响过教学改进的 16 个课改概念，“观课议课”也在其中，应该说观课议课的提出和实践已经很有意义。但要问我最看重的是什么，我认为是论证过学校的产品是课程。

理解这一点有什么意义呢？这有利于教育的根本纠偏。现在抢优生，不顾学生的身体健康，压榨和挤占学生休息时间，硬塞知识给他们，考试一结束就宣扬自己的考试成绩，这种教育乱象说明了什么？它说明骨子里我们是把学生和学生的成绩当成了教育的产品。我想，只有确立教育的产品是课程的教育观念，把精力用在建设课程、关注教育的输入质量，才可能实现教育最根本的正本清源。一个学校也好，一个老师也好，请用课程说话。比如在座的各位老师，如果你说自己当教师很厉害，是一位好老师，你最好能说出好的课程故事来。如果你的学生考上了北大清华，你能不能说出你为他的发展提供了什么好的课程？上过哪些有质量、有水平的课？如果你说不出的话，那孩子成功可能就是因为孩子本身比较聪明，家庭教育、其他老师教得好而已，你和你的学校就不要去贪学生成才的天功为己有。开发、建设、提供和实施课程，借助课程促进学生发展，用课程来育人，只是学校的使命和教师的使命，这也是我们研究课程，进行课程改革的意义所在。

第二个问题，我们怎么理解课程。

课程建设牵涉不同层面、不同群体的付出和劳动，不同群体承担不同责任。这样不同群体对课程建设就应该有不同的实践与操作含义。学校、教师层面的课程操作的定义是什么呢？

我认为，学校的课程就是学校组织成员为学习者发展而创设的教育环境和学习活动。

从产品属性看，讨论产品时一是要看其是否凝聚了人的劳动，学校课程是学校组织成员（这里的主体是教师）的劳动创造，需要教师的专业劳动，具有产品的一重属性。二是要看其是否具有一定的使用价值。课程的意义在于促进和实现学校组织成员（这里的主体是学生）的更好发展，具有产品的另一重属性。

回到课程理解上来，教育环境为人的发展提供了一种可能性。那怎么理解教育环境呢？你看，有声音和没声音是不是不同的环境？我讲不一样的话，对你来说是不是不一样的环境？我很愉悦地和你们分享与板着脸骂你们，你们会不会有不一样的感觉？在教室里，我来到你的身边和不来到你的身边，是不是不一样的环境？学生的课桌上，语文书和数学书里有不同的符号、文字，是不是不一样的环境？同样是语文书，诗歌、散文、小说，不同的文体、不同的文章，是不是他接触的不同环境？学生坐在教室里，周围的同学是爱学习的还是不爱学习的，又是不是不一样的环境……有了这样的理解，我要说，教育环境是我们有意识创设并提供的，试图影响孩子的环绕在孩子周围的一切东西，包括物质的、文化的，也包括心理的、人际的。

教育环境只是为人的发展创造了一种可能性，学习活动将这种发展可能性转化为发现的现实性。比如今天我在这里讲，话语就在这里，笑脸也在这里，但是如果你的心不在这里，你不听，你不想，那也不能实现你的发展。没有学习活动，教师创造的教学教育环境就只是一种课程资源而已，课程的价值和功能也就难以实现。

课程首先是“课”，“课”就是有一定的规定性，就是呈现在你面前的东西，就是教育的环境（这里包含了学习内容）。其次是“程”，就是你去学、你去经历、你去感受，这个过程就叫作“程”。没有经历，没有过程，这个课程也就没有实现。“课程”既是“跑道”，呈现了跑的路线、沿途的风景和期望去的“远方”，又是“跑的过程”，就是你要去跑，要去经历，要去学习，要有这个感受，要有这个体验，要对周围的风景有所感悟。

这里说说我对课程与教学关系的理解与选择。一般认为，课程与教学有三种关系：一是认为课程与教学并立，课程指学习内容或者教材，教学关注内容传递的过程与方法；二是小课程大教学的观点，课程只涉及教学内容，教学的一个组成部分；第三种观点是大课程教学，教学属于课程的实施部分。我所指的课程是大课程观念，教学是组织学生参与的学习活动，是实现学生发展可能性的现实活动，是“观看”“跑”的过程，属于课程的有机组成部分。我也是基于这样的视角，才提出了“学校的产品是课程”的观点和主张。

再从文化的角度理解一下课程。我认为，课程本身就是文化。“文”是什么意思？在汉字中，“文”指示一个壮汉胸口的文身。为什么要做文身呢？我有这样一些未经验证的推测：早期的人类和自然斗争，遇到凶猛野兽怎么办？比较起来人长得比较温柔，凶猛动物看着可能不怕，人也可能缺乏信心和勇气，有一个恐怖的装饰可以给自己壮胆、让猛兽害怕，这里的“文”能给人以力量和勇气；对那些特别让人恐惧的自然物，人们把自己画成它的形象，似乎也在寻求一种庇佑，这可能有图腾的味道。另外，当人走出家庭后，和其他人交往，怎么辨识呢？这也需要一种符号，证明我们是一伙的，这里的“文”有了形成归属感和认同感的味道。第三种情况的“文”，是觉得美。家里有客人来，收拾得干干净净；出去参加一个活动，女老师要收拾打扮一下自己，这都是“文”，这里的“文”就有了美的追求。课程的“文”，就是我们要去找到能带给学生勇气，带给学生力量，带给学生认同感和归属感，带给学生美好的东西，使他们获得这些方面发展的可能性。“化”是什么意思？“化”是一个人，左边的状态头朝上肢体朝左侧，过了一会儿头朝上肢体朝右侧了。这里有了改变，改变就意味着变化。所以凡是谈到化，都有改变的意思。“文”的任务是找出一个我们认为最值得追求的，学生最应该拥有、最值得拥有的东西；“化”就是用这样的东西去影响学生，去改变学生，让学生得到最好的发展。

第三个问题，我想讨论一下课程的使命和责任。教育有两大使命，质量和公平。教育的使命需要通过课程实现，好的课程有什么意义和作用呢？这里，我想好教育、好课程下的学生群体的生活质量或学业质量，改变也在两个方面：一是整体提升人的生存质量和学业质量，原先不及格，现在通过好的教育、好的课程影响，平均水平也就提高了。二是差距缩小了。当然人与人之间的差距会永远存在，但好的教育和课程，有一个责任就是要把这个差距缩小一点，而不是扩大差距。这就是需要对弱势、处境不利的学生以更多的关怀才行。

有一部韩国电影名为《老师的恩惠》。影片讲了一个小孩子，读书的时候处境不利。家庭贫困，学习成绩不好；身材还比较胖，一次去体检把秤给压坏了；参加班级接力赛跑，跑得慢不说，还把棒弄掉了，老师冲上去就给了她一巴掌。这个小孩子对老师和同学心存怨恨。长大成人后，优秀学生去看老师，这个女生趁机用毒酒毒死了同学，她自己和老师最后也跳海身亡。这部电影和诸多现实中的事实警醒我们：不管你教出了多少优秀或有成就的学生，只要有一个因为你的教育使他走上了反社会、反人类的道路，那你的教育就不算成功，你的人生就不能说没有遗憾和后悔。教师用课程育人，不仅要用课程来追求更高质量的生活，而且要对处境不利的同学多一些关爱，以更富有关怀的课程让他们感受温暖和美好。

第四个问题，我想讨论一下教师与课程的关系。

首先，教师本身就是课程。有一年的全国评选十杰中小学教师活动中，广东推荐的是深圳的一名老师。其中有这样的故事：这位老师新到学校，接手了一个难管的班级，她最开始的办法也是建立制度、进行奖惩，可是效果不好，后来她换了一种方式。新的一周开始，第一位走进教室的学生，看见她坐在讲台上，捧着一本童书旁若无人地在朗读。各位教师，你们想想，身为学生，如果你走进教室发现班主任正在捧着一本童书旁若无人地朗读，你会干什么呀？第一个同学听、第二个同学听、第三个同学听……听着听着，后面来的同学也不好意思打闹了。这样坚持了一段时间，这个班成为全校学风最好的班。很多老师会抱怨现在的学生不爱学习，那问一问你爱学习吗？我经常和老师交流，我们在课堂上慷慨激昂地说“知识就是力量”，但在学生心目中，你天天在打麻将，你还怎么谈知识就是力量呀？

说教师本身就是课程，教师劳动具有主体性和工具性统一的特点。劳动的主体性意味着教师是创设教育环境、组织学习活动的主体。用什么样的教学内容去教学生？用什么方式去教？教师是教育行为的决定者和执行者。同时教师自身又是劳动的工具，教师把自己的言行举止和知识人格呈现在学生面前，通过以身立教和以身示范的方式去影响学生。因为教师本身就是课程，所以学校组织教师进行专业发展，教师自身得到不断成长，这就是课程建设。《论语》里有这样一句话：“君子务本，本立而道生。”这里的“道”通引导的“导”，引导学生的“本”是自身修养、自身完善，要有情怀、有能力、有水平。现在我们也讲以学为本。我有这样几个方面的理解：一是要以学生为学习的主体，教师再怎么努力，外界再怎么尽心，学生不学也没用。西方格言说：“你可以牵马到河边，但是不能摁着马的头喝水。”做教育，你得引起学生的学习兴趣，调动学生学习热情。二是要以学生为依据，也就是因材施教，因就是根据，要根据学生的可能、学生的发展需要施教，找到这样的根据，你就要研究学生。三是以学习活动为手段，要通过安排和组织教学活动，实现学生的发展进步。教学的关键在于安排组织学生积极、有价值的学习活动。四是教师也要以学为本，你自己要成为学习者，你要善于学习，你要向学生展示学习的意义和方法与价值，让学生把你作为学习的榜样。

教师的课程意义也在于教师要开发和建设课程。美国学者古德莱德提出的五个层次：一是理想的课程，指由一些研究机构、学术团体和课程专家提出的应该开设的课程；二是正式的课程，即由教育行政部门规定的课程计划、课程标准和教材，也就是列入学校课程表中的课程；三是领悟的课程，这是教师研读课程标准、研读教材，并根据学生实际设计的课程，表现为准备带进教室的教学方案；四是运作的课程，一个好的老师应该精心预设和动态生成并行不悖，要有对教学现场的敏感，要对教学保持动态开放，课堂上实际实施的课程就是运作的课程；五是经验的课程，这是学生在课堂学习中实实在在体验到的东西，也即课程经验。我们用郑板桥的《题画》说明："江馆清秋，晨起看竹，眼光日影，皆浮动于疏枝密叶之间，胸中勃勃有画意。其实胸中之竹，并不是眼中之竹也。因而磨墨展纸，落笔倏作变相，手中之竹又不是胸中之竹也。""眼中之竹"是正式的课程，"胸中之竹"是领悟的课程，"手中之竹"是运作的课程，"观者所悟之竹"则是学生所得之课程。

在课程的推进过程中，领悟的课程的主体是教师，运作的课程是教师实际在操作，而学生实际获得什么样的课程，教师又要对其加以引导。从这种意义上讲，是教师决定了课程。

最后，我想讨论一下教师开发和实施课程的具体作为。

我拟制了这样一幅框架图，在教师和学生之间，有课程的中介在起作用，教师所做的就是提供教育环境、组织学习活动。在这样的教育环境中，学生受到感染、熏陶，通过参与的学习活动，实现成长和发展。

教师在教育环境中的作用，主要是选择、组织和创造。先说选择，比如我在教学《晏子使楚》一课时，发现这一课可以教"尊重""勇敢""爱国"等主题。经过分析，我注意到小学课文中关于"尊重""勇敢""爱国"主题的内容比较多，但有关"外交生活"的内容比较少，因此我选择把重点放在这里，课程的关键就在于文化的选择，选择是课程开发的重要方式。选择之后要把内容组织起来，使之更符合知识的逻辑，更符合学生认知发展的规律，更适合学生的学习。还可以创造性地开发一些课程内容来教。

教师对教学活动的作用主要在组织、引导和转化方面。该如何理解呢？下面举个例子。

很多年前，我看到一位老师教“液体的热胀冷缩”。

这位老师拿着一瓶水走进教室问：“同学们，你们看这是什么?”同学们答这是橘子水。注意，老师为什么要问这一句? 这实际上是起到了组织的作用，上课之初学生的注意力还没在课堂上，你就先别忙着上课，要把学生的注意力引到教学活动中来，这就是“组织”。

接着，老师问：“那你们看见这瓶橘子水想研究什么呢?”有的学生想研究橘子水为什么酸酸甜甜的，有的想知道为什么用玻璃瓶装，还有的想研究橘子水为什么是黄色的，都没有说到“热胀冷缩”上来。这时候老师做了一个动作，用手指比画了一下瓶子上方的空余之处，全班同学问：“老师，这瓶橘子水为什么没装满?”这就是“引导”作用。课堂确实要“放”，但是放的过程中教师还要注意“收”回来。这位老师的手势意在把学生拉到学习热胀冷缩这个学习内容中来。

老师又问：“我们可以研究这瓶橘子水为什么没装满。那你们还注意到有什么没装满?”同学们纷纷发言，发现酒、煤油、醋没装满。老师提醒到，注意，同类事物的举例，少于 3 个不成众，没有概括性；多于 3 个则可能浪费时间。同学们说到第三个时，老师就说了：“你们观察得很仔细，那你们注意到它们有什么共同特征呢?”有同学指出都是液体。老师接过来：“好的，我们就来研究液体为什么不装满。”这里，请各位老师想一想，学生已经说到要研究橘子水，老师为什么还要问“还有哪些”? 注意，这就叫“转化”。没有这一招就可能会出现问题。新课程改革之初，课改专家调研，一位小学副校长上“热胀冷缩”，组织学生探究。为了让学生看得更明白，在做实验时水中加了颜色，先加热膨胀，后冷却收缩，上了 35 分钟后，这位副校长心中踌躇满志，以为这节课很好地体现了新课程理念，只需要最后一步，就可以圆满结束了。这时他拿出一瓶酒问学生们是否会热胀冷缩，大家说“不会”。他问为什么，同学们答“因为酒没有颜色”，他只好解释一通。然后拿出一瓶醋来问同学们是否会热胀冷缩，大家还是说“不会”，这次的理由是“醋是酸的”。他又耐着性子讲了一阵，最后拿出煤油来问是否会热胀冷缩，但学生们还是摇头说不会。他气急败坏：“你们故意给我捣乱是不是?”学生很无辜：“水、酒、醋都可以喝，但是煤油不能喝。”这是刊载在《人民教育》上的课例。通过这个课例，我发现问题还是出在老师教的时候，水是水，醋是醋，煤油是煤油，酒是酒，就缺一个“转化”，没有让学生意识到，我们是在借这些物体来学习液体热胀冷缩的性质。

老师们，你在平时的教学中是否注意到了转化？你让学生做了一道题、两道题、三道题……是否教出了共通性的东西？如果没有教出共通性、可迁移的东西，学生即使做十道题，只要题目略有不同，学生就又不会了。优秀的老师能够举一反三，而水平低的老师可能举十都不能归一，为了保证质量，就不得不布置十二、十三道题，这也是学生学业负担重的原因之一。通过这个例子，我们可以看到老师对学习活动可能有这些方面的作用——组织、引导、转化，这其中也蕴含着评价和监管，学生置身其中就会受到熏陶和浸染。

从班主任的角度，我们做一些班级文化建设，学生就会参与其中，并在活动中进行对话和建构，然后在这个过程中改变自己，这就是班主任也在用课程教育学生，即用课程育人。

李镇西说

心灵不设防

第一次见大伟，是1999年在绵阳市涪城区。当时我刚刚出版《爱心与教育》不久，因为这本书出乎我意料的反响强烈，大伟知道了我。他当时好像是绵阳市涪城区教师进修学校的校长，便请我去为绵阳的老师们作报告。

我讲了什么现在已经记不清了，估计就是爱心与教育之类。但我记住了演讲结束后大伟对我的点评。有一句话我记住了："希望老师们一定要读三种书——《邓小平文选》、苏霍姆林斯基的著作和李镇西老师的书。"我听到这话真的吓了一跳，浑身不自在。我哪里能够和邓小平这样的伟人及苏霍姆林斯基这样的著名教育家相提并论，但大伟说得那么认真，我知道他是真诚的。那一刻，我在诚惶诚恐的同时，还有几分感动。

后来，他以自己突出的专业能力和优异的科研成果调往成都大学。我们时不时会在一些会议上见面，或者同台讲学。再后来，他成了观课议课的专家。

所谓"观课议课"不就是"听课评课"换了一种说法吗？但大伟通过"观课议课"的概念颠覆了传统"听课评课"的内涵。在大伟看来，以往的"听课评课"，听的是老师讲得好坏，评的也是老师讲得好坏，主要指向是老师；而现在的"观课议课"，观的是师生的课堂活动，议的是课堂上出现的问题和改进的意见。如果说"听课评课"只在对一堂课的观摩与评价，那么"观课议课"则着眼于一个教师的提升与成长。

我完全赞同并特别欣赏大伟的这些理念。应该说，与"听课评课"相比，

“观课议课”大大丰富并深化了“课堂”的作用。它不再仅仅是一个知识传授和能力训练的渠道和途径，而是日常教学研究的载体和教师专业成长的平台。

我第一次见大伟时，他还是一个青春焕发的小伙子，当时却已经是校长了；现在22年过去了，大伟不只是成都大学的教授，还是国内研究“观课议课”的首席专家了。我不由得感慨，一个人只要对某一课题“咬定青山不放松”，潜心研究十年、二十年，就一定能够在相关领域成为牛人。大伟正是如此。

那次大伟应邀来为工作站的老师作报告，讲台上的他轻松自如、幽默风趣，让看似严肃高深的理论问题亲切而接地气，完全不像是一位专家，而是一位朋友在和大家聊天。聊着聊着，思想的种子便撒进了听众的心里。

生活中的大伟，真诚、朴实、厚道。也许是天生一副和善样貌，我感觉他随时都笑眯眯的——至少是微笑着的。感觉和他相处，心灵完全可以不设防。

《我不是笨小孩》课堂实录

特级教师　华应龙

课前谈话

分享“笨小孩真笨”视频。（台下师生共同观看，笑声不断）

师：（神秘地看向台下的老师们）“接下来分享的一道数学题，我们在场的数学老师或许有一半以上做不出来。（台下传来‘哇’的惊叹声）这样的一道难题，讲来有什么用呢？”

（呈现 PPT 内容）“这节课是讲怎样解决这道难题，还是讲怎样找到解决这道难题的方法？”

生：“方法。”

师：“真好真好，你看孩子们说得多好。还有比方法更重要的吗？”

生：“思维。”

师：“还有比思维更重要的吗？那我们上完课之后再来作进一步分析。在这节 50 分钟的长课中，只要我们在座的同学动动脑筋，我估计 90%以上的同学都能将这道题做出来。”

生：“不相信。”

师："那我们今天一同来见证奇迹。好不好？这堂课是反应最快的人表现最棒吗？'是'，也'不是'；是解法最巧妙的人表现最棒吗？'是'，也'不是'（部分学生随师异口同声）；是表达最好的人表现最棒吗？'是'，也'不是'（更多学生异口同声）。哈哈，究竟怎样的人表现才最棒呢？我们来看一看这堂课谁的进步最大。"

生：（异口同声）"好！"

正式上课

一、谈话引入

师："孩子们，我们一起来看看，这是我在微信朋友圈发现的一道题，特别好玩，既简单又丰富。你想试试吗？三分钟独立解答。"

（PPT 出示）

师父："我在你这年纪时，你才 5 岁；但你到我这年纪时，我就 71 岁了！"

请问：徒弟几岁？师父几岁？

二、解决问题

1. 学生独立解答（3 分钟）

师："好，时间到，有答案的请举手。后面有答案的老师也请挥挥手。孩子们请你们看一看，现在没有做出的孩子，就不要有压力了。不过刚才我看了一圈，是真佩服。应该说华老师这节课上了好几次了，但我没见到这么多同学都写出答案的。没有做出答案的同学，你是想听同学说，还是想自己再想一想？"

生："自己再想一想。"

师："有答案的同学，能否忍住不说？"（全班同学传来笑声）

生："能！"

师："太好了！孩子们，有科学研究表明，能憋住不说的孩子，将来更有成就。为什么呢？因为他心中有他人。他们知道学习不是一两个优秀的人表演的机会，是大家一起去思考、去进步。"

2. 全班交流分享

师："请问刚才在做这道题的时候，你遇见什么难处了？"

生："最开始解这道题时，我是想用方程的方法，但是方程中未知数太多了，无法找到等量关系。"

师："是的，刚才我在巡视的过程中，不止这一位同学是解、设，但最后写不出方程了。我认为这位同学说得非常好，写不出方程的原因是——"

生：（异口同声）"找不到等量关系。"

师："对！找不到等量关系，看来我们的数学老师教得很好。要找到等量关系才能很好地列出方程。还有什么困惑？"

生："我也发现无法找到等量关系用方程计算，所以我想到了运用算术法计算。但运用算术法时又发现题目中的信息太少了，也做不出来。"

师："对，信息非常少，只有两个条件，而又需要求两个问题。如果告诉我一个师父或者徒弟的年龄，就会好做很多了。我在我的学校上这节课时也是这样问我的学生，你遇到了什么问题？有什么难处呢？"

生："华老师这道题有点绕，我没有读懂，我就没做出来。"

师："你还有什么困惑呢？我看有些同学的纸上除了写了自己的名字，就没有动笔了，这是为什么呢？因为这道题没做过，是吧？"

生：“做过。”（部分同学）

师：“做过当然就没问题了。确实这道题我们常规碰到的困难是：1. 题目读不懂；2. 关系找不到；3. 完全没思路。怎么办呢？我们一个一个地来。题目读不懂，怎么办？”

板书：书读百遍，其义自见

生齐读。

师：“一道题，连题目都读不懂，当然做不出来了。那怎么办呢？多读几遍。数学的题目要一边读一边想。”

生默读题目。

师：“谁说的话不好懂？把那一句话多读几遍。能不能把题目中师父说的话用自己的话和同桌交流交流？”

生：生交流。

师：“这么一读之后是不是发现这道题要求的：徒弟几岁？师父几岁？”

生：“年龄。”

师：“什么时候的年龄？”

生：“现在。”

师：“现在的年龄。在这道题目中，除了现在的年龄，还有什么？”

生：“以前和未来的。”

师：“是不是徒弟有现在的、以前的、未来的，师父也有现在的、以前的、未来的？（学生与老师异口同声答‘是’）那在这道题目中确实有六个量。真的就像同学们刚才说的，告诉的条件太少了，但把题目弄明白时就有想法了。当我们读懂这道题的题目时，我们就能一起进入‘时光隧道’。在这条‘时光隧道’中，现在、过去、未来就可以自由地‘穿越’。”

师画时间轴。

师："各位，现在我用这个小珠子表示徒弟的年龄，大珠子代表现在师父的年龄。请问，5 岁是谁的年龄？"

生："徒弟过去的年龄。"

师："71 呢？"

生："师父未来的年龄。"

师："这道题让我们求现在徒弟多大、师父多大。我们找到他们之间的关系，才能很好地解决；找不到关系，就没法求。那怎样才能找到他们的关系呢？这道题又怎么做呢？"

生思考。

师："我们二班的同学太棒了，特别的专注。我告诉你们，这道题我至少有八种不同的方法解答。"

生众叹：哇！

3. 投石问路

师板书：投石问路。

师："这个成语熟不熟悉？有没有同学知道这个成语是什么意思？"

生："我现在不知道路，就随便捡一个石头往天上扔，石头落在哪里我就往哪里走。"

师："还有没有不同的理解？"

生："石头扔到天上去，风把石头吹向哪边就去向哪边。"

师："有同学补充吗？看来大家真能想象，根据这个文字去想象了一个画面，非常棒！'投石问路'这个成语本来的意思是夜幕下看不清路怎么走。然后怎么办呢？扔一块石头下去，听反应。认真听一听，前路上有没有什么情况。所以现在讲'投石问路'，主要是指'试探一下'。"

师："我先来做个样子，怎么'投石问路'呢？题目中问徒弟多大、师父多大，我都不知道，扔个石头呗。徒弟多大，22 岁。师父多大，42 岁。根据题目的意思，当师父是徒弟这么大的时候，请问徒弟多大？5 岁还是 2 岁？"

生："2 岁。"

师："为什么是 2 岁？"

生："师父现在的年龄是 42，他倒过去就是减少 20 岁，所以徒弟也要减少 20 岁，就是 22－20＝2 岁。"

师："从中我们发现什么了？"

生："我发现了师父变到徒弟现在的年龄时减少了 20 岁，徒弟变成过去的年龄时也减少了 20 岁，减少的是现在的年龄差。"

师："年龄差变不变？"

生："不变。"

师："想一想，如果你和你爸爸今年相差 30 岁，会不会过了几年之后，你和你爸爸只相差 3 岁？"

生："不会。"

师："年龄差一直是不变的。那根据题目的意思，当徒弟长到师父这么大的时候，请问师父多大？"

生："62 岁。"

师："为什么？"

生："因为他们的年龄差是 20 岁，那么师父就长了 20 岁，就是 62 岁。"

师："对，师父肯定也要长，因为徒弟长了 20 岁，所以他也要长 20 岁。"

师引导生观察。

师："这个答案对吗？"

生："不对。"

师："但是能找到他们之间的关系吗？"

生："可以。"

师："有人已经发现了，有人可能还没感觉。这只是华老师做了个示范，就是这样来'投石问路'的。你的徒弟多大呢？你的师父多大呢？请你来试一试。人和人就是不一样的，有的人反应快，我只举了一个例子，他就看出来了，找到了它们之间的关系了。有的人可能稍微反应慢一些，没问题，自己试一下。现在我们不考虑这道题怎么做了，我们一起来学这个'投石问路'的方法。"

生尝试画图找关系。

师："好，现在请全班起立。可以拿着手里的这张纸，离开座位，与你的好朋友交流。注意：交流的是你投的是什么'石头'？投的这个'石头'符合题目的意思吗？'独学而无友，则孤陋而寡闻'。一定要去，多听听好朋友的。"

生生互动交流。

师："现在我请两位同学到前面来交流一下，他投的是什么'石头'，他投的'石头'对不对？"

生一边画，一边说。

生1："先设徒弟现在14岁，师父现在26岁，他们的年龄差就为12岁。此时当徒弟是师父的年龄时，徒弟就是2岁。"

师："为什么是2岁？"

生全体："年龄差是12岁，要用徒弟现在的14岁减去12岁。"

师："好，继续——"

生1："当徒弟到师父现在这个年龄时，师父就是38岁。"

生2："我先设徒弟现在是30岁，师父是55岁，那他们的年龄差是25岁。当师父到徒弟的年龄时，徒弟就是5岁；当徒弟到师父的年龄时，师父就是

80 岁。”

师：“因为时间关系，不再请同学们到前面来交流了，我们‘投石’究竟为了什么？‘投石’是为了‘问路’的，关键在于‘问’。所以在这中间你发现什么了？什么变了？什么没变？你还能发现些什么？有所发现的同学，请把大拇指放在胸前。这样我一看就能看见哪些同学发现了。没有发现的同学要抓紧时间了，这是我们需要提高的地方。”

生观察图形，找出规律。

师：“怎样才会有发现呢？你发现 62 和 2 之间有什么关系？32 和 8 之间有什么关系？80 和 5 之间又有什么关系？厉害了，竖大拇指的同学越来越多了。要发现其中的规律，原来每道题目都不简单，都能发现好多好玩的东西。

“哪位同学能到前面来做小老师？用问问题的方式帮助我们还没找出规律的同学有所发现。”

生：“我们先拿 62 和 2 做例子。我们发现 62 和 2 之间差了 60。”

师：（微笑地看着孩子）“稍等，你可以用问问题的方式问大家，比如 62 和 2 之间相差多少？”

生：“请问 62 和 2 之间相差了多少。”

其余生：“60。”

生：“这个 60 之间又隐含着什么关系？”

师：“60 只是一个数呀。‘60’和谁之间还有一些关系？”

生：“我们观察 62 和 2 之间是相差 60 的，而这之间又有三个线段，请问这三个线段之间又有什么关系？”

生：“我发现 2，22，42，62 之间都相差了相同的年龄差，都是相差 20。三个线段间相差是相等的。”

生：“60 之中三个线段相等的，所以用 60÷3 对不对？”

其余生："对。"

生："我们再来看第二条线段，它最大是 38，最小是 2，相差 36，而这中间又有三条线段，请问同学们，这三条线段之间又有什么联系呢？"

生："年龄最大是 38，最小是 2，相差是 36，而其中又有三条线段，所以 36÷3=12，就刚好是师父和徒弟的年龄差。"

师："继续来看，最后一道。"

生："此时年龄最大是 80，最小是 5，我们又看到了中间有三条线段。这三条线段之间又有什么关系呢？"

生："由前面的线段图可以知道这幅图也是由三条线段构成，年龄差是 25，而这条线段又是由 80 和 5 构成，80 和 5 的差刚好是 25 的 3 倍。"

生："我们之前发现第一幅图中三条线段是相等的，第二幅图的三条线段也是相等的，最后一幅图也是相等的，于是就可以求出……"

师："从中有发现吗？发现了 71 和 5 之间的关系了吗？用算式表示你思考的过程，不仅要在图上表示出来，还要用算式表示出来。"

师巡视、收集、展示生的作品。

三、全课总结

师："同学们，请你们问自己：（PPT 呈现内容）我是一个'笨小孩'吗？"

生："不是。"

师：（PPT 呈现内容）"投石问路的方法笨吗？"

生："不笨。"

师："投了之后就有发现、就有反应，是不是？"

师："一个自认为'笨'的小孩儿，肯坚持用这样'笨'的方法，他就会自豪地说我不是‘笨小孩’。为什么呢？一起读。”

生：（齐读）“肯下笨功夫，才有真功夫。”

师：“所以我们刚才说别坐在那里等，要勇敢地投。投一下子就能投对吗？不一定，别怕错。错了，没关系，错得好！为什么？因为错着错着，我们从差错中找到正确的方法，就对了。”

生：“三个年龄差。”

师：“我们小老师做得非常正确，你发现这三条线段表示的年龄差是……”

生：“一样的。”

师：“那么你现在回头看这两个珠子要不要微调一下？”

生：“要！”

师：“你到前面来一边调整一边说，说一说为什么要这样调整。”

生：“应该把它们挪一挪，因为这样让三条线段看起来是相等的。”

师：“就像是我的托儿！开始华老师特意把它放得有问题，放得不相等。下一次画图的时候就要注意了，要点上差不多的点。”

师：“最后和大家分享我本家说的一句话，来我们一起读。”

生：（齐读）“勤能补拙是良训，一分辛苦一分才——华罗庚。”

师：“题试三回，就是勤。其实当我们拿到一道题的时候，一般来说都是很少一部分同学能立刻有反应，大多数人都没感觉。但是你勇于去试几次，试了之后就会有所发现。”

李镇西说

他的数学课让人热泪盈眶

2020年春天疫情宅家期间，我收拾书房。偶然在保存多年的信件中意外地发现了华应龙2000年1月18日的来信。

说实话，当时我并不认识“华应龙”。他是读了我的《爱心与教育》之后给我来信“请教”的。信的开头，他做了自我介绍，特别谈到自己对课堂的不舍，和学生之间的互相依恋：“从22岁起开始当上小官，不管多忙，总舍不得离开学生。尊重、沟通、欣赏、宽容，我与学生的关系非常融洽，外出讲课多了，学生因不肯让我出行，泪流满面……”他还自撰了一句“名言”：“吸引孩子向我学习，真诚地向孩子学习。”三页信的最后，他写道：“今天汇去50元钱，请邮寄《爱心与教育》《走进心灵》《从批判走向建设》三本书，可以吗？请在扉页上送几个字给我，行吧？谢谢！”

其实，应龙当时虽然年仅34岁，却已经评上特级教师两年。用“少年得志”来形容他绝不为过。但他却没有丝毫虚骄之气，字里行间充满谦卑之情。

就这样我们成了好朋友。好像是第二年，他到成都来看我，我第一次见到华应龙，完全就是一个高大帅气而阳光的小伙子。记得当时我请他吃火锅，席间我俩相谈甚欢，因为共同的话题实在太多太多。

一晃20年过去了，今天的华应龙可谓名满天下。他现在是北京第二实验小学副校长，更是当代中国基础教育界最具影响力的小学数学特级教师。

但当2019年春天，我邀请他为工作站的老师上一堂数学课时，电话那头他非常爽快:“行!听您的,大哥。”

当我听完应龙的课,我才真正理解了20年前他给我的信中所说的话:“尊重、沟通、欣赏、宽容”“吸引孩子向我学习,真诚地向孩子学习”。

记得那堂课结束时,包括我在内的许多老师热泪盈眶,仅此一点,就足以说明这堂数学课是走进了学生和所有听课老师的心灵!

那堂数学课可圈可点之处太多——岂止是“可圈可点”,简直就是值得大书特书!然而我今天并不打算大书特书这堂数学课的具体教学过程,我想“大书特书”的是课堂上几个“非数学”的细节。

细节一:

课前聊天时,华老师拿出一本书,说是准备送给校长的。“但我不想直接送给刘校长,”他说,“我想等这堂课上完后,请今天表现最棒的同学来做书的使者,代表我把这本书送给你们的刘校长。”

然后他问孩子们:“你们觉得怎样的表现算是最棒的?”

孩子们纷纷回答:“积极发言回答老师问题!”“认真听老师讲课,不在下面说与课堂无关的话。”“不能在别人发言时在下面说小话。”“善于从错误中汲取经验。”

华应龙肯定孩子们的说法都很好,然后说:“如果我们定一条规则,进步最大的同学表现最棒,那么每一个人都有机会!”

这里,华老师把“进步最大”作为“最棒”的标准,就给了每一个孩子以“最棒”的希望。

不过,当时我在心里赞赏应龙这个细节的同时,也有一个小小的疑惑:谁来判定哪个孩子这堂课进步最大呢?如果由老师说了算显然不够“民主”,而由孩子说,那他们多半会自信地说“我”“我”“我”……

细节二：

上课开始时，华老师请每一个孩子都拿出一张白纸，在纸的最上面以一厘米见方的大小写下自己的姓名。他特别强调：“如果是不太常见的字，请注上拼音。”

孩子们开始写了，华老师走到每一个孩子面前看，并非常自然地、似乎是自言自语地念出他的名字，一个都没有少，一直到站在最后一个孩子的旁边念出他的名字。

这是对每一个孩子的尊重。

而且后来课堂上，当华老师和孩子们交流时，他一般都能直接说出孩子的姓名。

这种亲切感，是一般公开课上老师说“请这位同学……”“请那位同学……”所远远达不到的。

细节三：

这堂课，华应龙其实就是和学生一起解决一道难题。

他先让学生们思考，听课的老师也一起思考，尽量想出答案。几分钟后，他再请有答案的同学举手，举手的不多。他最后请后面听课的老师中有答案的挥挥手，结果老师还不如学生。

华老师请孩子们转头看老师们举手的情况，说：“看到了吗？孩子们，老师们还不如你们呢！所以现在还没有做出答案的孩子们，心里不要有压力了，老师也做不出来嘛！”

看似调侃老师，却给每一个孩子，特别是那些可能自卑的孩子以信心。

细节四：

在华老师的课堂里，无论是让没答案的孩子“自己再想一想”，还是让有答案的孩子“憋住不说”，都是对每一个孩子思考权利的尊重。

在一些老师的眼里，一堂公开课成功的标志，就是学生“发言踊跃”。而一个班，怎么都会有几个聪明孩子担任“发言积极分子”，他们的“热闹”撑起了一堂课的成功。但是相当一部分学生的思维权利却被剥夺了。相比之下，华应龙提倡孩子们“想一想”，同时要求个别反应敏捷的孩子“憋一憋”，就显出了他不同于一般老师的高明之处、智慧之处。这与其说是课堂技巧，不如说是他发自内心对每一个孩子的尊重。

细节五：

面对孩子们疑惑而渴求的眼神，华老师把“投石问路”写在了黑板上，然后通过和孩子们讨论这个成语的含义，教给孩子们方法：试探。

事实上，整个一堂课，华老师没有给学生们说如何解这道题，而是从这个细节出发，他开始带着孩子们试探。

包括孩子们“投石”（试探）后的互相交流，也不说做题，而是交流“投石”。

试探过程中，孩子们的兴趣被唤醒，思想被点燃，智慧被激发……

细节六：

华老师循循善诱开导孩子们“投石问路”，“投石”的目的是“问路”，关键是“问”，即“发现”，发现规律。

华老师问：“同学们发现了什么呢？”

马上有好些同学举手。

华老师说：“这样发现了的同学不要举手，你们把大拇指放在胸前我就知道了。没发现的同学，继续抓紧时间发现。”

这个细节让我怦然心动。

维护每一个孩子的尊严比教给每一个学生知识更重要。

细节七：

一个发言的孩子滔滔不绝地说他的思考结果：“这说明这三个年龄差都是一样的，那就可以求出……”孩子的精彩发言即将把课堂推向高潮，可华老师突然拍拍他的肩，手指竖在嘴唇间：“不说了，不说了！”

然后问全班同学：“大家发现了吗？”

同学们点头，说：“发现了。”

“快做，快做！”华老师说。

“不说了”，是为了把思考的机会给每一个学生。

在这里，再一次显示出华老师让孩子“憋一憋”的智慧。

细节八：

课上完了，华老师提起了课前那个问题：“这堂课你们认为谁表现最棒？”

好几个学生居然说：“老师您表现最棒！”

华老师幽默地说：“我觉得说我表现棒的同学是在批评我，因为我对我校老师说过，上课如果老师表现好，是一件不好的事情。应该看到同学们表现棒才行。”

这里，看似诙谐的一句话，却揭示了课堂教学的真谛：课堂的主人是学生，而不是老师。

于是，好些孩子都说出一个名字：“杨一博。”

如此不约而同地说出一个学生的名字，让当时听课的我有些惊讶，同时很感动。其实，凭着华应龙在课堂上与孩子们的互动，他完全可以直接推出某位表现突出的孩子，其他孩子也不会有什么异议。但第一，他要尊重孩子的意愿，而不是自己独断。第二，已经公开的“最棒”的唯一标准，是“进步最大”，而这是一个比较的维度，孤立地看这堂课的表现是无法判断谁“进步最大”的，所以只能由长期一起生活学习的孩子们来决定。第三，更关键的是，华老师让孩子们推出这个最棒的同学，就是想让这个孩子感到，荣誉不是老师个人的表扬，而是来自全班同学的集体称赞。这些“非数学”因素才是这堂课的精髓。

果然，华老师没有满足于同学们一致说出的名字“杨一博”，而是问大家：“杨一博为什么表现最棒?”

一个男孩说:“他进步最大，因为平时他是学不懂的，今天的课堂上他的思维越来越清晰了。”

几乎全班孩子都为这个同学的发言鼓掌，当然也是为杨一博鼓掌!

华老师走到杨一博的面前，问:“一博，你的感觉呢?”

杨一博站起来，说:“我今天感觉很兴奋!”

华老师拍着他的肩:“孩子，真棒!”

可华老师继续问:“有不同意见吗？还有其他表现最棒的同学吗?”

一个女孩举手了:“我觉得还是杨一博最棒！他平时不怎么爱听课，就搞小动作，比如转笔啊，可他今天听课特别特别地认真!”

掌声又响起来了。

华老师问:“大家都觉得杨一博有进步吗？觉得杨一博有进步的同学，请都把手举起来!”

全班每一个同学，都把手举起来了。

华老师动情地对杨一博说:“一博，大家都为你举手了!”

全场的掌声再次响起。

那一刻，我的眼睛湿润了。

在这里，华应龙表现出高超的教育艺术。如林的手臂给杨一博一种视觉冲击，而热烈的掌声又冲撞着他的耳膜，更冲撞着他的心灵——这不仅仅是来自老师一个人的鼓励，而是来自整个集体的褒奖！

这样的荣耀，这样的尊严，今后将给这位平时并不出众的孩子注入怎样的成长的力量？

“来，一博！”讲台上的华老师双手郑重地把赠书交到杨一博手里，杨一博双手接过华老师的书，以同样庄重的仪态一步一步走到后面，双手送给刘校长。刘校长起立接过书后，用手亲切地摸摸杨一博的头。

整个过程只有十来秒钟，却充满仪式感，但这种仪式感绝无事前排练。一切都是真情流露，水到渠成。

课后，工作站的好几位老师告诉我：“当孩子走向校长把书送给校长时，我们的眼泪一下流出来了。”

我曾经说过，即使是教育中最理性的学科教学，也绝不仅仅是一种客观的教育活动。尽管学科教学是向学生传授系统知识、技能，但这无法抹杀教学过程中应有的人格引领、心灵感染、智慧启迪等人文色彩。教育承载着价值，凝聚着精神，体现着人性……岂能只是冷冰冰的知识？

华应龙老师这堂数学课之所以成功，不仅仅是因为他引导得法、启发有方，更因为他课堂上的每一句话都充满温度。

就师生双方的关系而言，教育呈现出与其他职业不同的特点，这就是教育者情感投入的“主观性”。一位医生在面对病人时，在态度上当然应该真诚热情，但对病情进入专业思考与判断时，特别需要冷静、需要客观，不然会妨碍他对病情的诊断；一位科学家在进行科学实验时，同样需要自己和实验对象保持距离，以严肃理性的态度对待实验对象，从事科学实验。但教育则不然，教育的职业特点决定了教育者必须带着思想也带着感情尽可能走进学生的心灵深处。换句话说，只有当师生彼此相融，彼此能够听到对方的心跳、能够感受到对方的脉搏时，教育才能真正发生。

华应龙老师从上课的第一秒钟起，就把自己的心融入学生的心。因为在他那里，教育更多关注的不是因果，不是规律，不是物性，而是价值，是精神，是人性。

华应龙老师这堂数学课再次证明，真正的教学过程，从来就不是师生之间单向的“我讲你听”“我说你练”的工程式的“机械操作”。无论教育者还是被教育者，双方都不是冷冰冰的“程序载体”，而是有血有肉、有思想有情感的人。在教育实践中，教育者和被教育者的关系不是人与物的关系，而是人与人的关系——准确地说，教育者和被教育者必须——或者说已经融为一个整体。

我想到，20 年前应龙给我来信中的话：“尊重、沟通、欣赏、宽容，我与学生的关系非常融洽……”

这堂课就是这句话最真实的写照。

若干年后，这堂课的孩子们也许会忘记那道题目中“师父”多少岁、“徒弟”多少岁，可他们会记住如何“投石问路”，如何“憋住不说”，如何“错着错着就对了”；杨一博还会记住同学们为自己举起的手臂，记住大家为自己喝彩的掌声，记住老师温情的鼓励，记住校长摸自己脑袋的温暖手掌……

《爸爸的花儿落了》课堂实录

特级教师　王崧舟

一、概括事件：今天，我参加毕业典礼

师："请打开作业纸，完成课堂练习的第一大题。"

课件呈现（预习回顾）：

小说从头到尾写了____这件事，这件事发生的时间是在"今天"，发生的地点是在"学校礼堂"。

①爸爸逼"我"去上学　　　②"我"参加毕业典礼

③爸爸临终前叮嘱"我"　　④爸爸教"我"去寄钱

（学生按要求各自独立完成第一题）

师："好，完成的孩子请举手示意。这位孩子，请分享一下你的答案。"

生："我认为，小说从头到尾写了'我'参加毕业典礼这件事，应该选②。"

师："请坐，同意的请举手。(生全部举手）非常好，把手放下，一起看大屏幕。孩子们，这篇小说有3500字，68个自然段，这是你们在小学读到的最长的课文。那么，这么长的课文在写什么呢?"

生："'我'参加毕业典礼。"

师："没错，这件事发生的时间是在——"

生："今天。"

师："是的，发生的地点是在——"

生："学校礼堂。"

师："我们一起来看看这件事。"

课件呈现：

新建的大礼堂里，坐满了人；我们毕业生坐在前八排，我又是坐在最前一排的中间位子上。

师："这件事的开头，小说是这样写的，哪位同学来读一读这个开头?"

生："新建的大礼堂里，坐满了人；我们毕业生坐在前八排，我又是坐在最前一排的中间位子上。"

师："读得真流利。这件事继续往下是这样写的，请你——"

生："当当当，钟声响了，毕业典礼就要开始。"

师："这件事再往下是这样写的，这位孩子请——"

生："于是我唱了五年的骊歌，现在轮到同学们唱给我们送别：长亭外，古道边，芳草碧连天。问君此去几时来，来时莫徘徊！天之涯，地之角，知交半零落。人生难得是欢聚，唯有别离多。"

师："读得真好！把'别离多'的味儿全读出来了。孩子们，这首《送别》的骊歌你们曾经听过吗?"

生："听过。"

师："这首骊歌常常是在毕业的时候由其他同学唱给毕业生听。来，我们一起来读一读这首表示送别的骊歌。'于是我唱了五年的骊歌，现在轮到同学们唱给我们送别——'"

生："长亭外，古道边，芳草碧连天。问君此去几时来，来时莫徘徊。天之涯，地之角，知交半零落。人生难得是欢聚，唯有别离多。"

师："是啊，人生难得是欢聚，唯有别离多。"

【林志芳品读】 《城南旧事》整部小说都在讲离别，作者以儿童的视角、淡雅的文字娓娓诉说。秀贞、兰姨娘、宋妈……这些人物出现在英子的童年里，又一一离她而去。至最后这一章则是与爸爸的生死离别，也是与无忧童年的告别。李叔同的《送别》多次出现在小说中，这哀婉含蓄的骊歌令全文弥漫着离别的惆怅。

师："我们来看这件事的最后。来，这位孩子你来读。"

生："快回家去！快回家去！拿着刚发下来的小学毕业文凭——红丝带子系着的白纸筒，催着自己，我好像怕赶不上什么事情似的，为什么呀？"

师："为什么呀？一种不祥的预感袭上了英子的心头。孩子们，3500 字 68 个自然段的小说写的就是这样一件事，这件事就是——"

生："'我'参加毕业典礼。"

师："这件事发生的时间是在——"

生："今天。"

师："这件事发生的地点是在——"

生："学校礼堂。"

【林志芳品读】 3500 字，68 个自然段，《爸爸的花儿落了》是初中的一篇课文，放在小学六年级学，必然存在一定的难度。如何帮助学生理清课文的主要线索，在繁杂的叙事中发现课文的主要事件？在整体感知的环节，王老师没有让学生自己去概括，而是拟题让学生选择。只要认真读过课文，选择就很容易做出——“我”参加毕业典礼。这样的设计显示了执教者对学情充分的尊重与体贴。注意，题目中的另外的几个备选项，恰恰是即将出场的回忆中的几个事件。题目不是训练的手段，而是理解课文的扶梯。

然后，教师通过PPT以“场景式”呈现课文主体事件，挑出了全文的实线，带领学生把长文读短。

二、聚焦回忆：往昔，我和爸爸的故事

师：“当然，我们还知道，其实在写这件事情的过程当中，小说还写了别的事。而所写的别的事都跟英子的谁有关系？”

生：“爸爸。”

师：“我们一起来看看写爸爸的这些事儿——”

课件呈现：

时间：昨天　地点：医院　事情：爸爸临终前叮嘱“我”

爸爸哑着嗓子，拉起我的手笑笑说：“我怎么能够去？”

但是我说：“爸爸，你不去，我很害怕。你在台底下，我上台说话就不发慌了。”

“英子，不要怕，无论什么困难的事，只要硬着头皮去做，就闯过去了。”

“那么爸爸不也可以硬着头皮从床上起来到我们学校去吗？”

爸爸看着我，摇摇头，不说话了。他把脸转向墙那边，举起他的手，看那上面的指甲。然后，他又转过脸来叮嘱我：

“明天要早起，收拾好就到学校去，这是你在小学的最后一天了，可不能迟到！”

“我知道，爸爸。”

“没有爸爸，你更要自己管自己，并且管弟弟和妹妹，你已经大了，是不是？”

【林志芳品读】 注意课件的内容，教师在本课的教学中几次出现对课文的再加工。把故事的时间、地点、事件提炼出来，再呈现主要片段，使一篇水墨般淡雅的叙事小说有了“多幕剧”的课堂效果。

师：“这是小说中写爸爸的第一个片段。这个片段发生的时间是——”

生：“昨天。”

师：“发生的地点是——”

生：“医院。”

师：“讲的事情是——”

生：“爸爸临终前叮嘱‘我’。”

【林志芳品读】 这样的师生问答不是真正意义的提问（因为答案显而易见），而是通过一种谈话应答的方式强调要点，确认认知。

师：“请一位孩子来读一读这个片段。”

生流利地朗读了这个片段。

师：“读得很认真，也很流利！这就是昨天发生在医院的事情。其实，我们都知道，这个时候英子的爸爸已经病得很重很重了，他的嗓子是——”

生：“沙哑的。”

师：“他的喉咙是——”

生：“肿胀的。”

师：“他的身体已经极度虚弱。然而，就是这样一位爸爸，当他听说自己的女儿害怕一个人上台发言，你们听，他用沙哑的嗓子这样鼓励自己的女儿——”

生：“英子，不要怕，无论什么困难的事，只要硬着头皮去做，就闯过去了。”

师：“你读得非常好，但是，请你不要‘读’。知道吗，现在的你就是谁?”

生：“我是英子的爸爸。”

师：“没错，忘记自己，你是英子的爸爸，把自己放进去。这个时候你的嗓子是沙哑的，你的喉咙是肿胀的，你的身体早已极度虚弱。但是，当你听说自己的女儿害怕一个人上台发言的时候，你多么想给她哪怕是一点点的鼓励——”

生：(语气低沉而缓慢)“英子，不要怕，无论什么困难的事，只要硬着头皮去做，就闯过去了。”

师：“你终于把自己放进去了。我们再听，病得很重很重的爸爸，当他知道女儿明天要去参加毕业典礼，而那是女儿在小学的最后一天。于是，他又一次用他沙哑的嗓子，用他肿胀的喉咙，用他虚弱的声音对英子这样说——”

生：(个别朗读，语速较快)“明天要早起，收拾好就到学校去，这是你在小学的最后一天了，可不能迟到!”

师：“孩子，不要急。忘记自己，你是英子的爸爸，你感受一下他当时的那份心情，他当时的那种虚弱的身体。来，把声音放下来，慢慢地对女儿说——”

生：(放慢语速)“明天要早起，收拾好就到学校去，这是你在小学的最后一天了，可不能迟到!”

师：“我们再听，病得很重很重的爸爸，身体已经极度虚弱的爸爸，当他意识到自己见女儿可能是最后一面了，于是就有了他生命当中对女儿的最后一番叮嘱——”

生：（低沉而缓慢）“没有爸爸，你更要自己管自己，并且管弟弟和妹妹，你已经大了，是不是？”

【林志芳品读】 朗读指导，重在入情入境。值得品味的是教师的引导语，王老师很少用“请你想象……”“假如你是……”等教学指令语，而是放弃此时此地教学的现场，直接带学生穿越到文本的情景对话里。譬如此处，他的引导语是：“我们再听，病得很重很重的爸爸，身体已经极度虚弱的爸爸，当他意识到自己见女儿可能是最后一面了，于是就有了他生命当中对女儿的最后一番叮嘱——”这种沉浸式阅读符合儿童认知心理，帮助他们理解与体验，同时也将课堂营造成审美的场域。

师：“把自己放进去，你就能真真切切地感受到爸爸的那颗心。孩子们，这就是刚刚发生在昨天医院的事情，病得很重很重的爸爸，身体已经极度虚弱，精神已经极度疲惫，但是他放不下英子，他一次次的鼓励、提醒、叮嘱自己的女儿。你们说，这是一位怎样的爸爸呀？”

【林志芳品读】 片刻出境，旁观思考。

生：“我觉得这是一位慈爱的爸爸。”

师：“慈爱，真好。”

生：“我认为这是一位爱英子的爸爸。”

师：“爱英子，心中满满是爱。”

生：“我觉得英子的爸爸是非常伟大的。”

师：“伟大？在英子的心目中爸爸就是伟大的！”

生：“我觉得英子的爸爸还是一位严格的父亲，他对自己的孩子很严格。”

师：“确实很严格。严而有爱，严慈相济，这就是英子心目中伟大的爸爸！但是你们知道吗？你们所讲的这些词儿对英子来说其实都是苍白的，就在昨天，就在医院，英子唯一记住的是爸爸对她讲过的每一句话，唯一记住的是爸爸每一次讲话时候的深情和期待。你们听，当她告诉爸爸害怕一个人上台发言的时候，她清清楚楚地记得爸爸用他那沙哑的嗓子这样鼓励她——”

生：“英子不要怕，无论什么困难的事，只要硬着头皮去做，就闯过去了。”

师：“你们听，当她告诉爸爸明天要去参加毕业典礼的时候，她清清楚楚地记得爸爸用他肿胀的喉咙这样提醒她——”

生：（齐读）“明天要早起，收拾好就到学校去，这是你在小学的最后一天了，可不能迟到！”

师：“你们再听，当她依依不舍地跟爸爸告别的时候，她清清楚楚地记得爸爸用他极度虚弱的声音这样叮嘱她——”

生：（齐读）“没有爸爸，你更要自己管自己，并且管弟弟和妹妹。你已经大了，是不是？”

师：“这就是英子的爸爸！他慈爱，他严格，他伟大！可是，谁也没有想到，就在今天，就在英子参加毕业典礼的今天，爸爸永远走了！（指着板书的课题）读——”

生：（齐读）“爸爸的花儿落了。”

师：“轻轻地读——”

生：（轻轻地齐读）“爸爸的花儿落了。”

师：“缓缓地读——”

生：（缓缓地齐读）“爸爸的花儿落了。”

【林志芳品读】 品读写爸爸的第一个片段——爸爸临终前叮嘱“我”。在典型场景中教师先引导学生关注的是人物的语言，品味语言后，再用一个词来形容这是怎样的爸爸，然后带着感受再回读，体会语言。在片段的收束处教师设计了突转，点明“爸爸的花儿落了”之隐喻，形成情感张力。

爸爸爱花，作者在《城南旧事序》里曾写道：“父亲常和挑担卖花的讲价钱，最后总是把整担的花全买下。于是父亲动手了，我们也兴奋地忙起来，廊檐下大大小小的花盆都搬出来。”在课文中，花儿点缀于各个场景、各个时段。毕业典礼发言时别在胸前的夹竹桃，校门口等待开门时拿在手里的玉簪花，从正金银行出来时看到的蒲公英，爸爸离世时凋落的石榴花……花开美好，蕴含着主人公对生活的期待与热爱；花落怅然，预示着生命有相聚也有离别，有绽放也有凋落。

那个慈爱的爸爸、伟大的爸爸，已经离开英子了，在她 12 岁这一年，在她小学毕业这一天。

师：“这是写爸爸的第一个片段，我们再来看一个写爸爸的片段——”

课件呈现：

时间：六年前　地点：家里　事情：爸爸逼“我”去上学

他瘦瘦高高的，站在床前来，瞪着我：

“怎么还不起来，快起！快起！”

“晚了！爸！”我硬着头皮说。

“晚了也得去，怎么可以逃学！起！”

一个字的命令最可怕，但是我怎么啦？居然有勇气不挪窝。

爸爸气极了，一把把我从床上拖起来，我的眼泪就流出来了。爸爸左看右看，结果从桌上抄起鸡毛掸子倒转来拿，藤鞭子在空中一抡，就发出咻咻的声音，我挨打了！

爸爸把我从床头打到床角，从床上打到床下，外面的雨声混合着我的哭声。我哭号，躲避，最后还是冒着大雨上学去了。

师："这个片段发生的时间是——"

生：（齐答）"六年前。"

师："发生的地点是——"

生：（齐答）"家里。"

师："讲的事情是——"

生：（齐答）"爸爸逼'我'去上学。"

师："请一位同学来读一读这个片段（指着后排一女生）。其他同学做一件事，请你打开课文，迅速找到这件事，然后请你拿起笔来，用圈儿把所有爸爸打英子的动词一个一个圈出来。"

朗读这个片段，随着该生的朗读，课件逐次圈出爸爸打英子时的动词：瞪着、拖起来、抄起、倒转来拿、一抡、打到、打到……

师："读得历历在目，都把我们带进去了。好！一起看大屏幕，出现在你眼前的是一个又一个的圈儿，是吧？你们都知道，所有圈出来的都是爸爸打英子的——"

生：（齐答）"动作。"

师："我们一起来看看爸爸是怎么打英子的。第一个，读——"

生：（齐读）"瞪着"。

师："第二个——"

生：（齐读）"拖起来"。

师："第三个——"

生：（齐读）"抄起"。

师："第四个——"

生：（齐读）"倒转来拿"。

师："第五个——"

生：（齐读）“一抡”。

师：“第六个——”

生：（齐读）“打到”。

师：“第七个——”

生：（齐读）“打到”。

师：还有第八个、第九个、第十个……请问，爸爸打英子打得厉不厉害？

生：（齐答）“厉害！”

师：“假如你就是英子，这么被爸爸打了，你的心里是什么滋味儿？”

生：“我认为是一种委屈的滋味儿。”

生：“一种被冤枉的感觉。”

生：“我很不好受。”

生：“感觉很难过。”

生：“还有一丝的害怕。”

生：“心里感到一阵酸。”

师：“真是五味杂陈啊！你委屈你难受你难过你害怕你酸楚……所有的感受全都化作了一句话——爸爸不爱我了！（停延）但是我想问大家一个问题，打完英子的爸爸，他的心会不会痛？”

生：“我觉得爸爸的心一定会痛。”

师：“为什么？”

生：“因为从下文来看，我觉得爸爸十分爱英子，爸爸这么狠心去打英子，也就是说爸爸打了他自己心爱的人，所以我觉得他会很心痛。”

师：“好，他打的是谁？”

生：“他打的是自己的女儿。”

师：“亲生女儿，亲生骨肉，你说他的心会不会痛？”

生：“他的心一定会痛。”

师：“打在英子身上，痛在谁的心上？”

生：“痛在爸爸的心上。”

师：“他当然会痛，他肯定会痛，他怎会不痛？那就奇怪了，明明会痛，而且会很痛，为什么还要打？”

生：“我认为爸爸想让英子去上学，是为了她能在学校学到更多知识，为了英子的以后，爸爸不能放纵她不去上学。我认为这个事情对所有的爸爸来说都是一个原则性的问题。”

师：“这孩子太会说话了！一口一个‘以后’，一口一个‘原则’，我注意到你在反复强调爸爸为了英子的什么？”

生：“未来。”

师：“未来！为了女儿的未来，爸爸希望从现在开始就要英子养成什么？”

生：“养成一个好的习惯。”

师：“习惯。是的，习惯太重要了！人一旦养成了好习惯，就会终身受益；一旦养成了坏习惯，就会终身受害啊！原来，爸爸打英子，想的不是英子的现在，而是英子的——”

生：（自由应答）“未来。”

师：“这就是英子的爸爸！严肃、严格，甚至严厉的背后，是对孩子终身的期待和责任，这是多么深沉的爱啊！可是，这样一位爸爸，却在今天走了，永远地走了，（指着板书的课题）读——”

生：（齐读，语调低沉）“爸爸的花儿落了。”

【林志芳品读】 品读写爸爸的第二个片段——爸爸逼“我”去上学。在这个场景中教师引导学生关注的是人物的动作。聚焦打英子的一连串动词，然后引导学生理解体会“爱之深，责之切”。

《城南旧事》是回忆式自传小说，但成年叙述者的角色被完全隐藏起来，童稚的眼光使得这部作品呈现出清澈、明净的风格特点。在本段描写中，孩子赖床以及挨打之后的心理描写细腻、真切。而打过孩子之后站在学校窗外爸爸的内疚与自责却是委婉含蓄的，好在学生们发现了。

本段结尾的教学设计仍是突转，引读课题，点明“爸爸的花儿落了”之比喻义。与上一片段的设计呼应，形成回环复沓的审美场——

那个严厉的爸爸、严格的爸爸，那个雨天打了孩子又殷殷跑去学校探望的爸爸，已经离开英子了，在她12岁这一年，在她小学毕业这一天。

师：“小说中还有一个写爸爸的片段，我们一起来看——”

课件呈现：

时间：“我”读小学时　地点：家里、正金银行　事情：爸爸教“我”去寄钱

“英子，去把这些钱寄给在日本读书的陈叔叔。”

“爸爸！”

“不要怕，英子，你要学做许多事，将来好帮着你妈妈。你最大。”

于是他数了钱，告诉我怎样到东交民巷的正金银行去寄这笔钱——到最里面的台子上去要一张寄款单，填上“金柒拾元整”，写上日本横滨的地址，交给柜台里的小日本儿！

我虽然很害怕，但是也得硬着头皮去——这是爸爸说的，无论什么困难的事，只要硬着头皮去做，就闯过去了。

“闯练，闯练，英子。”我临去时爸爸还这样叮嘱我。

我心情紧张地手里捏紧一卷钞票到银行去。等到从最高台阶的正金银行出来，看着东交民巷街道中的花圃种满了蒲公英，我很高兴地想：闯过来了，快

回家去，告诉爸爸，并且要他明天在花池里也种满了蒲公英。

师：“这个片段发生的时间是——”

生：（齐答）“‘我’读小学时。”

师：“发生的地点是——”

生：（齐答）“家里。”

师：“后来又去了——”

生：（齐答）“正金银行。”

师：“讲的事情是——”

生：（齐答）“爸爸教‘我’去寄钱。”

师：“请一位孩子来读一读这个片段——”

生朗读片段。

师：“读得好，你也闯过来了！孩子们，你们有没有发现，在爸爸对英子所讲的话中有一个字出现的频率特别高，这个字就是——”

生：（齐答）“闯”。

师：（课件动态呈现一个“闯”字）“大声读——”

生：（齐读）“闯”。

师：“带着闯劲儿读——”

生：（齐读）“闯”。

师：“谁能给‘闯’组个词语？”

生：“闯关。”

师：“一个。”

生：“闯荡。”

师：“两个。”

生：“闯入。”

师：“三个。”

生：“闯练。”

师：“现成的，四个。”

生：“闯祸。”

师：“祸咱就不闯了。”（众笑）

【林志芳品读】 幽默调节，亦庄亦谐。

生：“走南闯北。”

师：“太好了，五个。还有许多带‘闯’的词语：闯关、闯荡、闯入、闯练、走南闯北、闯关东、闯江湖、闯世界、闯天下。想一想，所有的‘闯’都需要靠什么?”

生：“我觉得所有的‘闯’都需要靠我们的勇气。”

师：“勇气!”

生：“我觉得还需要信心。”

师：“信心!”

生：“还需要靠我们的毅力。”

师：“毅力。孩子们，‘闯’要勇气，‘闯’要信心，‘闯’要坚持到底的毅力。那么英子去正金银行寄钱，她闯过了什么?”

生沉思。

师：“来，我们再做一回英子。记住！此时此刻，你是谁?”

生：（自由应答）“英子。”

师：“英子，准备好了，我们出发。英子，你要去正金银行干什么?”

生：“我要去正金银行给陈叔叔寄钱。”

师：“以前你去过正金银行寄钱吗?”

生：“没有，是第一次去。”

师：“你紧张吗？（生答：紧张）你害怕吗？（生答：害怕）你担心吗？（生答：担心）但是你没有办法，只好硬着头皮出发了，为什么？”

生：“因为爸爸要我去闯练闯练。”

师：“你硬着头皮离开了熟悉的家，走上了陌生的大街，你转过几个弯儿，又穿过几条街，你终于来到了陌生的正金银行。看着那高高的陌生的台阶，看着那一张张来来往往的陌生的面孔（走向一个女生），英子，此刻的你有什么感受？”

生：“我感到非常焦虑。”

师：“非常焦虑，为什么啊？”

生：“因为要自己一个人去银行，然后没有爸爸的陪伴，所以我很焦虑。”

师：“我能感受到你的焦虑。但是就在你焦虑的时候，你的耳边仿佛响起了谁的话？”

生：“响起了爸爸的话。”

师：“爸爸说——”

生：“无论什么困难的事，只要硬着头皮去做，就闯过去了。”

师：“爸爸还说——”

生：“闯练，闯练，英子。”

师：（课件呈现：闯练，闯练，英子。）“来！我们一起读——”

生：（齐读）“闯练，闯练，英子。”

师：“来！给英子一点勇气！读——”

生：（齐读，大声地）“闯练，闯练，英子。”

师：“想起爸爸的鼓励，你终于硬着头皮走进了正金银行。你来到最里面的台子找寄款单，可是你东找西找左找右找，怎么也没有找到寄款单。（走向一个女生）英子，此时此刻，你又有什么感受？”

生："我心里非常紧张。"

师："为什么?"

生："因为我怎么也找不着，心里肯定会紧张，担心没有把爸爸交代的事情做好。"

师："你肯定紧张啊！但是就在你紧张的时候，你的耳边仿佛又一次响起了谁的话?"

生："响起了爸爸的话。"

师："来！我们一起读——"

生：（齐读）"闯练，闯练，英子。"

师："来！给英子一点自信！读——"

生：（齐读，大声有力地）"闯练，闯练，英子。"

师："想起爸爸的鼓励，你的心平静了下来。你低头一看，原来寄款单掉在地上了。你把它捡了起来，在上面写上'金柒拾元整'。你手里捏紧一卷钞票，转身向高高的柜台走去，你知道柜台里面坐着谁?"

生："日本人。"

师："想到日本人，刚刚平静下来的心又开始——"

生："有一种害怕，害怕去面对。"

师："但是就在你害怕面对的时候，你的耳边仿佛又一次响起了谁的话?"

生："又响起了爸爸的话。"

师："来，孩子们，一起响起来——"

生：（齐读）"闯练，闯练，英子。"

师："来！给英子坚持到底的力量和信心吧！读——"

生：（大声齐读）"闯练，闯练，英子。"

师："你终于把钱寄了出去！回家的路上，看着花圃里种满了蒲公英，你对自己说，闯过来了，闯过来了。英子，你到底闯过了什么?”

生：“我闯过了心里对一些东西最大的恐惧。”

师：“你闯过了内心的恐惧。”

生：“我觉得闯过了第一次，第一次去帮爸爸给叔叔寄钱。”

师：“第一次意味着陌生，意味着毫无经验的，你闯过了内心的空白。”

生：“我觉得闯过了一个自己的心理，就是我害怕没有人来帮我的孤独感。”

师：“你闯过了内心的无助和孤独。其实，你闯过的是自己内心一道又一道的坎儿。英子，谁给了你这份闯练的勇气?”

生：(齐答)“爸爸。”

师：“谁点燃了你这份闯练的信心?”

生：(齐答)“爸爸。”

师：“谁唤醒了你面对困难的坚持和毅力?”

生：(齐答)“爸爸。”

师：(停延)“可是，爸爸走了，永远走了。(指着板书的课题)读——”

生：(齐读)“爸爸的花儿落了。”

师：“轻轻地读——”

生：(齐读，轻声)“爸爸的花儿落了。”

师：“缓缓地读——”

生：(齐读，低沉缓慢)“爸爸的花儿落了。”

【林志芳品读】 写爸爸的第三个片段——爸爸教“我”去寄钱。在这个场景中教师引导学生关注的是一个关键字“闯”。理解内容时，教师使用了组词拓展法。然后引导学生想象英子可能出现的意外与紧张，理解“闯”字的意义。片段的结尾仍是突转，引读课题，点明“爸爸的花儿落了”的比喻义——

那个给女儿信心与勇气的爸爸、那个告诉英子“闯练，闯练”的爸爸，已经离开英子了，在她12岁这一年，在她小学毕业这一天。

至此回看整个板块，从内容看，这个板块聚焦回忆，通过三个事件梳理出全文的引线；从结构看，有三个片段，每个片段自成世界，皆有圆满的结构。从整体看，三个片段的设计又大致相似，片段的片段与片段之间，形成排比式的修辞韵味，教法似章法。王老师的教学设计本身有自己独立的审美品格。

三、时空交错：理解插叙的写法与意义

师：“读着读着，感觉有点不对劲儿。孩子们，我想你们一定不会忘记，这3500字68个自然段的小说写的是一件什么事儿？”

（课件重新呈现2号幻灯片）

生：（自由应答）“‘我’参加毕业典礼。”

师：“这件事发生的时间是——”

生：（齐答）“今天。”

师：“这件事发生的地点是——”

生：（齐答）“学校礼堂。”

师：“这就奇怪了！明明写的是‘今天的事’，明明写的是‘学校礼堂的事’，明明写的是‘我参加毕业典礼的事’，那怎么会有昨天的事？怎么会有六年前的事？怎么会有医院的事？怎么会有正金银行的事？”

生：“是英子回忆起来的。”

生：“是回忆。”

生：“是英子在脑子里想起来的。”

生：“是她回想起以前的事情。”

师："一句话，是回忆。孩子们，这篇3500字的小说，真正写'我'参加毕业典礼这件事的不到三分之一。但是写'我'也就是'英子'回忆过去的事的却超过了三分之二，是不是有点奇怪?"

生：(纷纷点头应答)"是。"

师："奇怪的还不仅仅是这一点。我们看，刚才这些回忆的事在小说的开头有没有出现?"

生："没有出现。"

师："是的。在小说的结尾有没有出现?"

生："也没有出现。"

师："只出现在哪里?"

生："小说的中间。"

师："来，打开作业纸，请大家思考并完成课堂练习的第二大题。"

生独立完成第二大题。

师：(随机巡视并插话)"这些回忆的事分别出现在小说中间的哪些位置，请你用横线把它们一一对应地画起来：第一处省略号对应哪件回忆的事，第二处省略号对应哪件回忆的事，第三处、第四处省略号又对应哪件回忆的事。"

生继续独立完成第二大题。

师："请一位孩子分享一下他的思考，(走向一男生)这位孩子请——"

生："第一处省略号写了爸爸临终前叮嘱'我'。"

师："稍等，同意的请举手！(生全举手，课件呈现第一件回忆的事)很好，继续——"

生："第二处省略号写了爸爸逼'我'去上学。"

师："同意的举手。(生全举手，课件呈现第二件回忆的事)好，继续——"

生："第三处省略号写了爸爸教'我'去寄钱。"

师："同意的举手。(生全举手，课件呈现第三件回忆的事) 非常好！请抬头看大屏幕，仔细看！"

(课件呈现 6 号幻灯片)

时间：今天　地点：学校礼堂　事情："我"参加毕业典礼

新建的大礼堂里，坐满了人；我们毕业生坐在前八排，我又是坐在最前一排的中间位子上。

……（爸爸临终前叮嘱"我"）

……（爸爸逼"我"去上学）

当当当，钟声响了，毕业典礼就要开始。

……

于是我唱了五年的骊歌，现在轮到同学们唱给我们送别："长亭外，古道边，芳草碧连天。问君此去几时来，来时莫徘徊！天之涯，地之角，知交半零落。人生难得是欢聚，唯有别离多……"

……（爸爸教"我"去寄钱）

快回家去！快回家去！拿着刚发下来的小学毕业文凭——红丝带子系着的白纸筒，催着自己，我好像怕赶不上什么事情似的，为什么呀？

……

师："出现在你眼前的，是我们这篇小说隐藏的一个大秘密。这是个什么秘密呢？一起看，大屏幕中这些黑色的文字写的都是哪天的事？"

生：(齐答)"今天。"

师："写的都是什么地方的事？"

生：(齐答)"学校礼堂。"

师："写的都是哪件事？"

生：（齐答）“‘我’参加毕业典礼。”

师：“这些黑色的文字，按照‘我’参加毕业典礼的顺序，把事情一步一步写下来。但是在这些黑色的文字中间插入的红色的文字，这些红色的文字写的是今天的事吗？”

生：（自由应答）“不是。”

师：“写的是发生在学校礼堂的事吗？”

生：（自由应答）“不是。”

师：“写的是‘我’参加毕业典礼的事吗？”

生：（自由应答）“不是。”

师：“我们都知道，这些红色文字所写的事都是英子的回忆。在今天的事中间插入这些回忆的事，这就是这篇小说的一个大秘密，这个秘密叫作——”（课件呈现：小说的插叙）

生：（齐读）“小说的插叙。”

师：“请把这个词记下来。（板书：插叙）抬头看，什么是插叙？（课件把红字隐去）现在有插叙吗？”

生：“没有。”

师：“现在只有今天的事，只有发生在学校礼堂的事，只有‘我’参加毕业典礼的事。但是在这件事的中间插入这样一件回忆的事——爸爸临终前叮嘱‘我’，这就是小说的——”

生：（齐答）“插叙。”

师：“再看，在今天的事的中间又插入这样一件回忆的事——爸爸逼‘我’去上学，这也是小说的——”

生：（齐答）“插叙。”

师：“继续看，在‘我’参加毕业典礼这件事的中间又插入这样一件回忆的事——爸爸教‘我’去寄钱，这还是小说的——”

生：（齐答）“插叙。”

师：“正是有了这些插叙，我们才一次又一次地走近了英子的爸爸。”

揭示文章结构特点，学习插叙。

师：（小提琴演奏的《送别》响起）“就在今天，就在学校礼堂，就在英子参加毕业典礼的时候，她的思绪一次又一次地陷入回忆。她记得，昨天在医院里，她跟爸爸说她害怕一个人上台发言，病得很重很重的爸爸用他虚弱的声音这样鼓励她（课件呈现以下文字）——”

生：（齐读）“英子不要怕，无论什么困难的事，只要硬着头皮去做，就闯过去了。”

师：“她记得，她告诉爸爸明天她要去参加毕业典礼，病得很重很重的爸爸用他沙哑的嗓子这样提醒她（课件呈现以下文字）——”

生：（齐读）“明天要早起，收拾好就到学校去，这是你在小学的最后一天了，可不能迟到！”

师：“她记得，在她依依不舍地跟爸爸告别的时候，病得很重很重的爸爸用他肿胀的喉咙这样叮嘱她（课件呈现以下文字）——”

生：（齐读）“没有爸爸，你更要自己管自己，并且管弟弟和妹妹，你已经大了，是不是？”

师：“孩子们，这个片段就是小说的——”

生：（齐答）“插叙。”

师：“正是有了这段插叙，我们第一次感受到了爸爸的慈爱、爸爸的严格、爸爸的伟大。还记得，那是在六年前，‘我’因为赖床挨打了。那一幕，深深地烙印在英子的脑海中（课件呈现以下文字）——”

生：（齐读）“爸爸气急了，一把把我从床上拖起来，我的眼泪就流出来了。爸爸左看右看，结果从桌上抄起鸡毛掸子倒转来拿，藤鞭子在空中一抡，就发出咻咻的声音，我挨打了！”

师：“孩子们，这个片段也是小说的——”

生：（齐答）“插叙。”

师：“正是有了这段插叙，我们感受到了一位严肃严格甚至有点严厉的爸爸为女儿未来着想的那一份良苦用心。毕业典礼正在举行，一曲《送别》的骊歌又一次把英子的思绪拉回到过去。还记得，在‘我’读小学的时候，爸爸教‘我’去正金银行寄钱。‘我’心情紧张地捏紧一卷钞票到银行去，这时‘我’的耳边仿佛响起了爸爸的叮嘱（课件呈现以下文字）——”

生：（齐读）“闯练，闯练，英子。”

师：“‘我’有了勇气走向正金银行。‘我’忐忑不安地走到银行最里面的台子找寄款单，耳边仿佛又一次响起了爸爸的叮嘱（课件呈现以下文字）——”

生：（齐读）“闯练，闯练，英子。”

师：“‘我’有了信心填写寄款单。‘我’把钱战战兢兢地交给了柜台里的小日本，爸爸的叮嘱仿佛又一次在‘我’的耳边响了起来（课件呈现以下文字）——”

生：（齐读）“闯练，闯练，英子。”

师：“孩子们，这个片段还是小说的——”

生：（齐答）“插叙。”

师：“正是有了这段插叙，我们又一次感受到了爸爸为英子成长所用的心思，所花的心血。所有的这一切，靠的就是小说的——”

生：（齐答）“插叙。”

师：“但是小说的插叙怎么会有这么大的作用呢？我们一起来看看，假如刚才的这些插叙全没了，想想看，这篇小说的时间只能限定在哪一天？”

生：“今天。”

师：“但是插叙出现了，插叙回来了，于是小说的叙事时间就可以回去了。回到——”

生：“昨天。”

生：“六年之前。”

生：“‘我’读小学的时候。”

师：“其实，有了插叙，小说就可以回到任何想要回到的过去。你发现没有，因为插叙的出现，时间的限制被打破了。我们再来看看，假如没有刚才的这些插叙，这篇小说的地点只能限定在哪儿？”

生：“学校礼堂。”

师：“但是插叙出现了，插叙回来了，于是小说的叙事地点就可以回去了，回到——”

生：“医院。”

生：“家里。”

生：“还可以回到正金银行。”

师：“其实，有了插叙，小说就可以回到任何想要回到的过去。你们看，因为插叙的出现，地点的限制也被打破了。孩子们，这就是插叙的作用所在（课件呈现：叙事自由）——”

生：（齐读）“叙事自由。”

师：“请把它记下来。”（板书：叙事自由）

师：“是插叙，让我们回到了医院、回到了六年前、回到了正金银行；是插叙，让我们感受到了爸爸的慈爱、爸爸的严格、爸爸对英子深沉的期待。但是插叙的作用再大，也留不住英子的爸爸。就在今天，就在英子参加毕业典礼的今天，爸爸走了，永远走了——”

生：（齐读）“爸爸的花儿落了。”

师：“轻轻地读——”

生：（轻轻地齐读）“爸爸的花儿落了。”

师：“缓缓地读——”

生：（缓缓地齐读）“爸爸的花儿落了。”

【林志芳品读】 时空交错，理解插叙的特点与意义。

在这个片段中，《送别》的小提琴曲在课堂中第一次响起。似无声的讲解、娓娓的诉说，音乐声里，爸爸的话语再一次重温，往事再来，一幕一幕催人落泪。

板块的结尾，最后一次聚焦花落，生命之花落。落花的意象稍稍冲淡了父亲的死亡可能有的悲痛意味。文章的基调是怅惘的，但绝不绝望。

四、发现成长：我也不再是小孩子

师：“爸爸的花儿真的落了吗？（停延）打开课文，快速浏览，找一找并画一画英子的变化和表现。你从英子的哪些变化、哪些表现中发现爸爸对她的影响已经深深地烙印在她的生命里？”

生浏览课文并思考问题。

师：“好，来听听这位孩子的发现。”

生：“请大家看第 9 页，倒数第 4 段——‘老高，我知道是什么事了，我就去医院。’我从来没有过这样的镇定，这样的安静。我从这一段知道了爸爸以前说的‘闯练，闯练’英子已经记到心里了，所以她才这样的镇定和安静。”

师：“正是爸爸不断鼓励英子闯练闯练，才让英子学会了什么？”

生："学会了勇气，学会了不害怕。"

师："你从哪两个词中体会到了她的勇气和不害怕？"

生："'镇定'和'安静'这两个词。"

师："孩子们，把这两个词圈出来，'镇定''安静'。这位同学的目光非常敏锐，一下子就发现了关键事情中的细节！我想问你一个问题，英子说'老高，我知道了'，你知道英子知道了什么？"

生："英子知道她爸爸已经离开人世了。"

师："爸爸去世了。那你知道那一年英子几岁？"

生："12 岁。"

师："你今年几岁？"

生："12 岁。"

师："也就是说英子和你们年龄差不多。想想看，一个 12 岁的小女孩，突然知道自己的爸爸去世了，最自然、最本能的反应是什么？"

生："就是坐在地上哭。"

师："哭，对，就是哭。谁能找一个词来形容英子可能会有的哭？"

生："我觉得是泣不成声。"

师："泣不成声，这是最自然的反应。"

生："还可能会号啕大哭。"

师："号啕大哭，这是最自然的反应。"

生："还有可能泪流满面。"

师："泪流满面，这是最自然的反应。但是我们回头看看 12 岁的英子，她泣不成声了吗？"

生：（自由应答）"没有。"

师："她号啕大哭了吗？"

生：（自由应答）“没有。”

师：“她泪流满面了吗？”

生：（自由应答）“没有。”

师：“不但没有哭，而且她的表现是——”

生：“非常镇定，非常安静。”

师：“非常镇定！非常安静！这不是一个 12 岁的小女孩该有的反应啊！谁让英子学会了这样的镇定？”

生：“我觉得是因为她想起了爸爸的那些话，所以让她从特别的慌张转变到特别的镇定。”

师：“又是谁让英子学会了这样的安静？”

生：“我觉得也是爸爸以前的那些鼓励和叮嘱。”

师：“爸爸的花儿开在了哪里？”

生：“开在了她的心中。”

师：“真好！爸爸的花儿没有落，爸爸的花儿开在了英子的镇定、安静里。继续发现（走向一个男生）——”

生：“应该是‘我’经过爸爸那一次的教导之后从来都不迟到了。”

师：“嗯，把那段文字找出来。”

生：“请大家看第 5 页的第 4 自然段——‘只记得，从那以后，到今天，每天早晨我都是等待着校工开大铁栅栏校门的学生之一。冬天的清晨站在校门前，戴着露出五个手指头的那种手套，举了一块热乎乎的烤白薯在吃着；夏天的早晨站在校门前，手里举着从花池里摘下的玉簪花，送给亲爱的韩老师，是她教我跳舞的。’”

师：“这是一段多么美丽多么诗意的文字啊！我们知道，从那以后英子上学再也没有迟到过。几年？”

生："6 年。"

师："几个学期？"

生："12 个学期。"

师："6 年，12 个学期，无论刮风，无论下雨，无论烈日炎炎，无论大雪纷纷，英子再也没有迟到过！孩子们，是谁让英子学会了这样的坚持？"

生："是爸爸。"

师："是谁教导、督促英子养成了这样的好习惯？"

生："是爸爸。"

师："爸爸的花儿开在了哪里？"

生："英子的心中。"

师："爸爸的花儿没有落，爸爸的花儿开在了英子的坚持和毅力中。哎！有没有孩子注意到英子去正金银行寄钱这件事？（向一生）说说你的发现——"

生："请大家看一下第 8 页的倒数第 3 段——'等到从最高台阶的正金银行出来，看着东交民巷街道中的花圃种满了蒲公英，我很高兴地想：闯过来了，快回家去，告诉爸爸，并且要他明天在花池里也种满了蒲公英。'我觉得这里的'蒲公英'也预示着她长大了，因为蒲公英是落地生根，同时也暗示着她知道自己长大了，所以也要爸爸种上蒲公英。"

师："好犀利的目光啊！他竟然从蒲公英的象征意义中看到了英子的成长，厉害！说到成长，我问你一个小问题，当时英子去正金银行寄钱是几个人？"

生："是自己一个人。"

师："一个人，爸爸有没有陪着去？"

生："没有。"

师："确定？"

生："我觉得是她带着爸爸的教导以及爸爸给她的信念去的正金银行。"

师："不管怎么说，去寄钱的只有英子一个人，是吗？"

生："是。"

师："请问，爸爸为什么不陪着英子一起去？"

生："我觉得爸爸是想让英子磨炼自己的意志，想让她更加坚定。"

师："磨炼意志，更加坚定，是吗？爸爸陪着英子一起去，不也可以磨炼吗？为什么非得让英子一个人去？"（走向旁边的女生）

生："这样的话可以让英子变得更加独立。"

师："孩子们，听到没有，她说了一个非常重要的词儿？"

生："独立。"

师："独立！请把这个词记下来。孩子们，什么叫成长？成长就是四个字——"（板书：精神独立）

生：（齐读）"精神独立。"

师："什么是父母对子女最好的爱？最好的爱就是让子女学会——"

生：（齐读）"精神独立。"

【林志芳品读】 "成长"是《城南旧事》中的另一个主题，作者明写"离别"，暗写"成长"。故事中的人物一个一个离英子而去，带给英子不同的思考与感受，至结尾，童年远去，英子"不再是小孩子"。最后这一章，明写爸爸的故事，暗写英子的精神独立之路，明暗交错；实写毕业典礼这一事件，插叙回忆，时空交错；而点缀始终的花儿则是侧面描写，是逝水不返的光阴里温润动人的细节，又是生命精神之花的象征与寄托。值得注意的是，故事里的英子 12 岁，课堂里六年级的学生们也是 12 岁。在毕业歌即将响起的时候，去理解英子的故事，自然会有诸多"同情"的慨叹。

"爸爸的花儿落了，我也不再是小孩子"，这是英子对童年的总结和告别，她从此肩负起了爱的全部责任。童年的结束也如春天的花开、秋天的叶落令作者、读者、课者在成年后的回味中低回不已。从此，实际的童年过去，心灵的童年永存下来。

五、想象将来，补写插叙

（小提琴演奏的《送别》再次响起，课件呈现）

夹竹桃开了又谢，谢了又开。我念完了中学，又念完了大学。如今，我已成了《世界日报》的记者和编辑。今天是清明，雨纷纷地下着，我来到爸爸的墓地，把一枝粉红色的夹竹桃轻轻地放在了他的面前。

记得____

____

____

几声清脆的鸟叫声把我的思绪拉了回来。不知什么时候，雨已经渐渐地停止了。我凝视着爸爸的墓碑，默念着：爸爸，您的花儿没有落……

师：“爸爸走了，再也没有回来。英子在爸爸的影响下，学会了成长，学会了独立。夹竹桃开了又谢，谢了又开。我念完了中学，又念完了大学。如今，我已成了《世界日报》的记者和编辑。今天是清明，雨纷纷地下着，我来到爸爸的墓地，把一枝粉红色的夹竹桃轻轻地放在了他的面前。”（停延）

师：“往事一幕又一幕地在英子的脑海中浮现出来。孩子们，拿起笔来，忘记自己，成为英子。在清明，在墓地，你想起了一件事——这件事可能发生在你读中学的时候，可能发生在你读大学的时候，也可能发生在你参加工作以后。之所以让你想起这件事，一定跟你的爸爸有着某种联系。也许，在学习上，在生活上，在工作上，你又遇到了什么困难，又面对了什么挫折，就在这个时候，爸爸的话仿佛又一次在你的耳边响了起来。这一次，你闯过来了吗？——请把这件事记下来。”

生想象写话，师巡视指导，发现优秀习作。

师：“孩子们，请把笔都放下来。不管你有没有写完，不管你写多还是写少，这些都不重要。重要的是，在你提笔写话的时候，你意识到你不再是你，你是谁?”

生：“英子。”

师：“英子，来，请所有打过五角星的‘英子’站起来。”（共有 6 位学生起立）

（小提琴演奏的《送别》又一次响起）

师：“今天是清明，雨纷纷地下着，我来到爸爸的墓地，把一枝粉红色的夹竹桃轻轻地放在了他的面前。记得——”

生：（朗读）“我大学毕业后第一次参加面试，等待的时间漫长而焦灼。我孤身一人，紧张得手心出了冷汗，脚不停地发抖。我皱着眉头，幻想着，幻想着面试的恐怖，幻想着失败的可怕……就在这时，我脑海中回荡起爸爸那个慈祥而伟大的声音：‘英子，不要怕，无论什么困难的事，只要硬着头皮去做，就闯过去了。’啊，往事桩桩件件浮上心头。我感到一股伟大的力量在推动着我——这就是爸爸给我的力量，这就是爱的力量！终于轮到我了，我进了面试室。在爱的萦绕下，我娓娓地向面试官介绍，发挥得异常出色。我成功地被录取了!”

师：“多么生动的细节，多么感人的场面。当爸爸那个慈祥而伟大的声音再一次响起的时候，我知道，爸爸的花儿没有落，爸爸的花儿依然开在你的心里。”

生：（朗读）“记得初一时青年节联欢会上的那次演讲，演讲前，我在后台踱着步子，紧张得直冒汗。怎么办？等会儿就要到我上台演讲了，台下那么多领导，我要出了错，岂不是糗死了？就在我焦急万分之际，那熟悉的话语，在我耳边响起来。‘闯练，闯练，英子。’我仿佛一下子又被注入力量。是啊，闯练！这演讲有什么可怕的呢，只要认真、自信地去做，就一定会成功的。这只不过是对我的小小考验。轮到我上台了，我微笑着面对所有的观众，流利自信地完成了演讲，台下响起了热烈的掌声。”

师：“掌声响起来，我心更明白，爸爸的爱将永远与我同在！”

生：（朗读）“记得那是在春雨绵绵的天气里，似乎我在随着时间飞逝。我独自来到《世界日报》的工作地点，我呆呆地凝望着空旷的大门，我的脚步再一次停止了。雨水顺着衣衫流了下来，我想起了您的话：‘闯练，闯练，英子。’我迈向我人生中的第一步，我对自己说，不要怕，无论什么困难的事，只要硬着头皮去做，就闯过去了。一切都是那么陌生，仿佛有无数双眼睛在角落里盯着我。我一步一步地向前走，要闯出一个新的世界。”

师：“孩子，你知道吗？爸爸从来没有离开过你，在你迷茫的时候，在你害怕的时候，在你无助的时候，爸爸就在你的身后，这样深情地看着你。”

生：（朗读）“记得在我读初三的时候，我要面对中考。每天，我都花大量的时间去复习。每当想到中考这件大事，我会有一种想放弃的感觉。每每看到数量繁多的复习题，我真想有一个人来鼓励我。这时，我总会想起爸爸在医院中的教诲：‘英子，不要怕，无论什么困难的事，只要硬着头皮去做，就闯过去了。’爸爸这熟悉的声音，让我又找回了信心。是啊，我可不能辜负爸爸的期望。我每天认真复习，时时刻刻提醒自己，不能懒惰，不能怠慢。到了中考那天，我从来没有过这样的镇定、这样的安静。最终，我以优异的成绩通过了中考。”

师：“是爸爸生前的教导，让你在面对人生的大考时又一次变得这样镇定、这样安静！你知道吗？当你把这个喜讯告诉爸爸的时候，爸爸的在天之灵一定会感到欣慰、感到自豪，你是他最大的骄傲啊！”

生：（朗读）“记得我刚刚步入中学的大门时，曾参加过学校举办的征文大赛，但由于经验不足，选材、描写手法都有不少的缺陷，几经投稿都没有任何回音。正当我信心的堡垒开始微微动摇时，我想起了您的话：‘无论什么困难的事，只要硬着头皮去做，就闯过去了。’我顿时感到充满了信心，就像您在我的身边鼓励我、指导我、陪伴我。几经修改，征文终于有了回音，我的作文不仅发表在学校的刊物上，还被推荐参加全国中学生作文大赛。”

师：“没有人可以随随便便地成功，鲜花和掌声的背后一定有不为人知的汗水和眼泪。是爸爸的教导，让你明白‘硬着头皮去闯’的力量和信念！你一定还会参加更多的征文，你一定还会取得更大的成功，爸爸永远与你同在！”

生：（朗读）“记得在我工作时，要去采访一位出名的作家，我十分害怕，不敢去接这一个重大的任务，怕会出现什么岔子。但是我又不想失去这么好的机会，因为我也渴望成为一个作家。是坚持采访，还是放弃采访？这时，我的耳畔回响起了爸爸的话：‘闯练，闯练，英子。’是啊，我已经不是第一次这样闯练的。只要我硬着头皮去闯，就一定能闯过去的。我终于鼓起勇气，顺利完成了这次重要的采访。”

师：“每次想起爸爸的话，你的心里就会充满自信和勇气，这就是爱的感觉。这爱的感觉，在爸爸临终前对你的叮嘱中；这爱的感觉，在爸爸逼你去上学的严厉中；这爱的感觉，在爸爸教你去正金银行寄钱的闯练中。如今，你已长大，当你又一次来到爸爸的墓地，又一次将爸爸最喜欢的夹竹桃轻轻放在他的面前，我想，你一定有一句话想对他说，这句话在你的心里藏了很久很久。现在，请你轻轻地告诉他，爸爸——”

生：“我爱您！”（全体鼓掌）

师：“孩子们，你们刚才所写的就是小说的插叙。清明扫墓，这是现在的事；而你们在插叙中所写的一桩桩一件件，都是回忆的事。一遍遍的插叙，一次次的回忆，让我们重新感受到那份温暖而伟大的父爱，也让我们看见英子生命成长的勇气、自信和毅力。爸爸走了，爸爸的爱却留在了英子生命的最深处。孩子们，爸爸的花儿——会落吗？”

生：（齐答）“不会。”

师：“下课！”

最后形成的板书如下：

爸爸的花儿落了

插

叙事自由　　　　精神独立

叙

【林志芳品读】 最后一个板块，想象写话。教师创设情境，让孩子们想象主人公未来的生活经历，从而进一步读懂爸爸的良苦用心以及成长意义。这是一个插叙写作练习，在这个设计中文章明暗、虚实、正侧面结合。

学生现场写作令人惊叹。朗读交流阶段，师生合作，将写作交流演绎为课堂叙事，不是教师刻意在教什么，而是师生在谈话交流中共同完成一个课堂作品。

交流的过程中，《送别》音乐再次响起。李叔同的这首骊歌，既是对小说内容的回扣，又是课堂基调的映衬。小提琴的旋律带着禅意的点染，哀而不伤，惆怅悠远。

人生难得是欢聚，唯有别离多。不思量，自难忘。王老师的这一课让我们又一次回到林海音治愈系的文字里，那些光阴的故事、文化的乡愁，似小鸡嫩黄的绒毛，似英子清澈的大眼睛，让世界安静。父亲的慈爱与严厉，永远陪伴在英子的精神生命里，往事惆怅温柔，永远在老北平的城南，任光阴似水、花开花落。

李镇西说

谦谦君子

一想起王崧舟，我就想起“谦谦君子”这四个字。我感觉，这个成语就是为王崧舟量身定制的。

尽管我不在小学语文界，但王崧舟的名字实在太响亮，杭州师范大学教育学院教授，著名语文特级教师……所以很早就在报刊和网络上频频见到他的名字。没想到我们第一次见面，是 2016 年 10 月 27 日在郑州讲学时的餐桌上。微笑点头，恭敬谛听，说话轻声，语调柔和……他给我的印象一点都不“显赫”，他的低调与谦卑，与他外在的声望实在不相匹配。

“您真是一个谦谦君子！”当时我就由衷地对他说。

他谦虚地笑笑：“您过奖了。”

我给他发出邀请，请他到成都为工作站的老师讲课。没有半点犹豫，他当即答应了。不到一个月以后的 11 月 24 日，他果真来成都上了一堂课《爸爸的花儿落了》，还作了一场报告《为语文核心素养而教》。

预料之中，王崧舟老师的课带给所有老师以春风和煦的美感。讲台上的他，就是博学和诗意的化身，书卷气扑面而来。我再次想到我说过的话：“一个优秀的语文教师，本身就是语文！”

接下来的报告，带给我们的就不仅仅是享受了，还有源于思想的启发与震撼。

但更让工作站老师特别舒服的是，下午王崧舟老师专门和工作站二十来位老师面对面座谈。在聊天式的气氛中，王老师表达了他的语文教育主张。

王老师给老师们分析了一位老师上《泊船瓜洲》的案例，涉及王安石那个“春风又绿江南岸”中关于“绿”字的推敲典故。

根据池红梅老师的现场记录，王老师转述了那位老师执教《泊船瓜洲》的三个片段。

片段一：诗的整个意思的教学完成后，讲了一个故事关于那个字的考量，然后让孩子们也来改这个字。绿——哄、拥、抱、亲、吻……50个孩子发言非常踊跃，没有重复的答案。

片段二：有没有人觉得你改的字会超过王安石？孩子们依然很活跃。有孩子说改为“艳”，理由是先开花再长叶，所以是先有艳丽的色彩，再绿江南岸。

片段三：基于孩子的表现，老师说，再读一读找一找，还有没有其他的问题？孩子说，春风又绿江南岸不对，应该改为：“春风又绿江两岸，白日何时照我还。”

讲完这三个片段，王老师启发老师们思考：这堂课的得失是什么？

这个问题点燃了老师们的思考火花。大家都积极发表看法。

池红梅老师说：“孩子们批判性思维与质疑能力得到了很好的培养。这堂课完全尊重了孩子、激活了思维。孩子的创作超乎想象，这是‘得’。但是我们虽然应该鼓励孩子去质疑与批判，那是否会让孩子少了对经典的尊重与敬畏呢？这是不是‘失’呢？”

王老师说：“其实，我抛出这个课堂片段，是没有标准答案的。一石激起千层浪，老师激活了孩子的思维，现在又引发了各位老师的思考，这就已经达到了教学的目的。”

对这个案例，王老师发表了他的看法。

课堂上孩子们表现得非常好，他们没有错。相反，成人思维被固化，像戴着镣铐跳舞。课堂上最好的状态就是带着儿童投入，生长。

要让孩子明白，教材可以挑战，权威可以挑战，经典也可以挑战，让孩子经历了这样一个过程，胜于喊上千遍万遍“勇于挑战，善于创新”的口号。课堂要给孩子以思想的安全感，要让孩子敢于把自己的思想自由地安全地表达出来。真正的教育的发生，是在“散步”的时候，因为一个人只有在从容与安全的状态下才会有自己本真的思考和情感的流露，让孩子感受到充分的安全。课堂的改变有可能影响儿童一生的精神成长，还要让儿童意识到，对于文本的解读，完全可以是多元的。生活的丰富多彩，一定来源于精神的丰富多彩。

执教老师的探索值得肯定，很有意义。他在刻意地隐退，把孩子凸显出来，刻意在维护民主平等的师生关系。他这样教，并没有完全丢失语文本真的东西，而是让孩子改诗论诗。中国古典诗词的创作正是讲究炼意，“两句三年得”，这个过程让孩子体会到了好的诗是这样炼出来的。更值得肯定的是，这堂课的教学手段非常朴素，却是一堂最具现代观念的课，是用最先进的课程理念来教学的课。

一堂课和一次座谈，王崧舟带给老师们以诗意的享受和思想的洗礼。

阅读的随性与抵达

——寻找阅读本来的样子

教育专家　蓝继红

前不久我们学校举办了一场属于孩子们自己的艺术节，艺术节定名“如是”，便是希望看见并成全儿童本来的璞与真，让孩子如其所是地长大。人间万物皆有本源，“夫童心者，绝假纯真，最初一念之本心也”，那么阅读本来的样子是什么？它又将让我们身抵何处？

春秋时期孔子与颜回坐而论道，论及人生乐趣。颜回曰：“一箪食，一瓢饮，在陋巷，人不堪其忧，回也不改其乐。”阅读即生活，不过一桩人间日常，死生哀乐，没有一件不可读。

多年前，我曾在巡视课堂教学时走进过这样一堂与生死大事相关的课。

那天，我走过曹老师的教室，看到《死亡，一场别样的旅行》的课题赫然出现在黑板上。我心里疑惑：为什么和二年级 7 岁多一点的孩子聊死亡？如何聊？

孩子们的桌上堆满各种读过的与死亡这一个话题有关的书籍：《长大做个好爷爷》《獾的礼物》《我爸爸》《爷爷变成幽灵》《象背：出发的日子》《爸爸

的围巾》《再见了，艾玛奶奶》《祝你生日快乐》《小伤疤》《妈妈的手作》……曹老师与孩子们娓娓对话，我和孩子们又一次重温这些故事，种下新的认知和情感，死亡带着它独有的恐惧不安的色彩一点一点叠加新的深度和开拓新的宽度，只不过这次是以儿童的视角。

一、泉眼无声，树阴照水——儿童视角下阅读的生命姿态

1. 死亡何如

曹老师与孩子们分享："亲爱的孩子们，这段时间我们读了很多有意思的绘本。这些故事的背后都有一个我们不愿意触碰的字：死。"

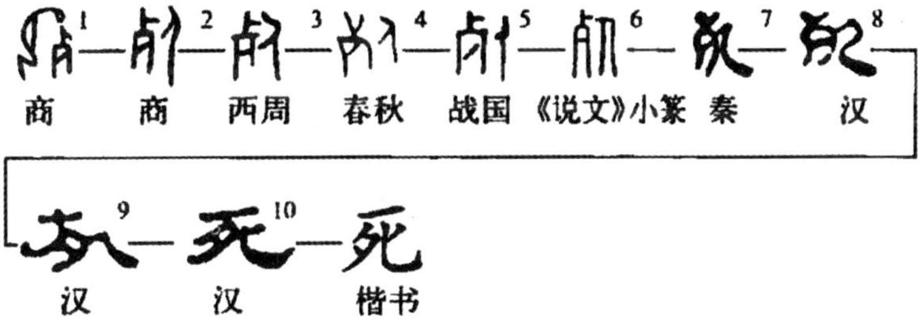

"'死'字最早的甲骨文是这样写的，看见这个字你有什么感受？"

围绕这个问题，孩子们纷纷说出自己的所见所感。

有的孩子说："右边是一只死去的小鹿，左边是一个跪着的人在伤心地哭泣。"有的孩子说："像一个人养的小树死去了，他非常难过，沮丧地垂下了头。"有的孩子说："他好像一朵花谢了，落在地上，要变成泥土了。"

曹老师讲解"死"字历经流年的演变过程。她说其实这个字的左边是一个跪着的人在哭泣，右边是死者的尸骨。无论怎么演变，都无法改变它带给我们的伤痛。据此，孩子们开始讨论死亡的伤痛，读过的书中的人物、事件留给自

己的印象，把这些印象归纳成一句话，代表着孩子们此时此刻的思想：

“死亡就是去了另一个世界的人，不再回来了。”

“可能有一天还会再回来，他也许会变成泥土里的一部分，然后再变成其他的东西。”

“我想起卖火柴的小女孩，故事里女孩的奶奶就变成了天上的星星。那些爱你的人、你的亲人都能变成天上的星星看着你。不然，天上怎么会这么多星星？”

……

孩子们像打开了话匣子，越说越多。

有的孩子说读过《再见了，艾玛奶奶》，对艾玛奶奶这句话深有感触：也许，我很快就会无法走路、无法进食，一样接一样，可能我都无法做到了。但是这些不过是我的身体在为一次遥远的旅行做准备。

曹老师接过话题提出自己的疑问：用心读这几本书，你会发现他们的生命有很多旅行的足迹。他们的生命都到哪儿去旅行？

一堂课渐至高潮，孩子们纷纷举手。

《长大做个好爷爷》：爷爷再也不会醒来，很多很多年以后，当小熊也成为一位爷爷时，他就是小熊爷爷啦！他会带着他的孙子小小熊爬上高高的树屋，吃着茶点，看着世界，讲老工厂的故事。他也会对小小熊讲“三熊山”的故事，一起放眼望爷爷的花园，刮风时去，下雨时去，每周星期五都会在树屋上讲爷爷的故事。熊爷爷的生命在小熊的模仿里旅行。（曹老师说：这叫传承）

《獾的礼物》：獾去长隧道里旅行，当鼹鼠用剪刀剪出一长串鼹鼠的时候，当青蛙在白雪皑皑的冰上滑雪的时候，当狐狸每一次系领带的时候，当兔子太太端出新烤出的姜饼的时候，獾的生命在朋友们的本领中旅行。

《我爸爸》：爸爸不在布朗的身边，爸爸的生命在布朗的回忆中旅行。他很酷，什么也不怕，他什么都会，他也很温柔。当布朗还是个孩子的时候，爸爸就离他而去，留下那件格子睡衣。曹老师说："那件格子睡衣成为小布朗关于爸爸永远的记忆被画进这本书里。"

《爷爷变成幽灵》：日有所思，夜有所梦，因为思念，因为爱，所以爷爷在艾斯本的梦里去旅行。爷爷变成幽灵，穿过墙和小艾斯本一起看照片，讲述他的一生。他和小艾斯本一起聊他们所经历的故事，看无聊的电影看得打喷嚏，背着奶奶讲粗话，唱好玩的关于屁股的歌，他的生命在小艾斯本的想念里旅行。曹老师说："被人想念，人就会永远活着。"

《爸爸的围巾》：爸爸的围巾飞走了，在天上看着我。这是一条有魔力的围巾，他让我在玩捉迷藏时跑得好快好快，他让我再也不怕走夜路有了勇气，他让我学会了照顾生病的妈妈。后来，绿色的围巾变成绿色的春天，没有他我也不再哭了。爸爸给我勇气，学会担当。爸爸的生命在我的成长中旅行。曹老师说："长大的每一步都有爸爸的注视。"

2. 叩问真谛

"为什么他们的生命能在另一个人、另一群人的生命中旅行呢?"曹老师问。

"为什么生命能留下那么多踪迹?"孩子们也问。

因为爷爷、爸爸付出了爱，獾帮助过别人，生命会像"生"字一样，在另一个人、另一群人的生命中播种、萌芽、生长，留下踪迹。在他们的生命中旅行，就像我们读过的故事《象背：出发的日子》。

> 如果我不在了，请只在最初的夜里为我哭泣
>
> 将我和你共同度过的岁月

一边回忆，一边送我离开

能与你们相遇，我很幸福

仰望早晨的天空，请你别忘了微笑

我一定化作阳光守护着你们

一路陪我走过的人们啊

请原谅我丢下你们独自离去

能与你们相遇我很幸福

与曹老师聊及行课原因，才知原来是班里有孩子的爷爷离世，曹老师选择用阅读为孩子无痕疗愈：生亦寻常，死亦淡然。我们终将死去，人生无常是我们无法改变的苦涩事实。生命一去不返，旅程温暖有爱，向死而生，生而勇敢，生而智慧，生而从容，生而通达。虽然孩子未必能一一理解，但是开始凝视死亡、思考生的意义尤为重要。诗与思，生命价值自在其中。

教书人本应是读书人，读中为教寻路、为己觅方、为生铸光。“外师造化，中得心源”，阅天地万物千般造化，得之于玄悟，方始纵横中度、左右逢源。唯其如此，读书人才能培养出小小读书人：读书、读人、读事，世事洞明皆学问。世界是我们的文本，我们是世界的读者。

身为师者，读书更是教育的姿态。教育的本质是阅读，阅读为我们的语言、思想、审美、价值观奠基。

二、皎皎青山，自在圆成——阅读本来的样子是令人向往的随性

中华美学里有一桩载于《庄子》的趣闻：庄子和惠施游于濠梁之上，对鱼儿的快乐与否展开了辩论，这便是著名的“濠梁之辩”。濠梁之辩的主题就是

争辩“游鱼之乐”，而“游鱼之乐”的论题下隐含着一个要点：“知”的姿态何如？

惠子的“知”是知识的推论，他关心的是“我思”，而庄子的“知”是生命体验，是人在天地间顺其自然，“上与造物者游，下与外死生、无终始者为友”的优游境界，他关心的是“我在”。唯有在“游”的境界中，人与物有宜，庄子将这种会通物我的体验境界称为“物化”，因为不分彼此，所以方能让对象“如其所是”地呈现。

在阅读中，我们便身抵于这个境界——皎皎青山，自在圆成。阅读一旦成为理想、任务、要求，失去了自主、自然、自由，没了选择、闲适、情趣，就没了阅读的随性。阅读本来的样子正是一份宁静致远的淡泊，“恬淡为味，胜而不美”。

1. 随缘——斯是陋室，惟书香致远

我的童年时代既清贫也富足。小时候并没有人要我读书，却有人一直在我身边读书：我的外婆与父亲。我们没有殷实的家产，却有一个“庄重”的水泥砌成的书柜。书柜里陈列并非专属于我阅读的《第三帝国》《飘》《基督山伯爵》《简·爱》《东周列国志》《二十四史》……还有外婆手写给我们读的半本《论语》。每一个能在省图度过的周末都是一件偌大的幸事，每一篇师范学校葡萄架下的读书笔记哪怕时隔多年也芬芳依旧，每一晚走廊上读书的记忆纵然斑驳陈旧也历久弥新。

儿时的阅读体验根深蒂固地在我心里回响，念念不忘之中。我现在的家中与学校便皆如此，家园即书房，学校即书房，书房一直是我的梦想，书斋即心斋。东方精神长于书房，书房润泽中国少年。书房既是文人展卷览物画山题水之地，亦是研学雅怀、文脉薪传之所。世界即书房，吾辈皆读者，一房观天

下，字里阅乾坤。

尽管许多书已了无踪迹，但我作为读者与作者的回鸣却共振于我心灵的温度里、思考里。如海德格尔所言，那些在与书籍对话中所达成的丰饶理解，皆是“在场者与不在场者之间的意度回旋”。彼时，很想穿越回去，问一声：那些年的那些书，你们还好吗？

2. 随兴——兴味盎然，万趣沉于其间

明代袁宏道有一语，尝曰：“世人所难得者唯趣。趣如山上之色，水中之味，花中之光，女中之态，虽善说者不能一语，唯会心者知之。”

阅读之趣，贵在生活趣味融于其间。阅读何尝不是“悦读”，是一种自然而然的、随时随地、随人随心的事。不要把读书当成是读书，是一种学习，是获取知识、增长能力的途径，或者某种升华境界的良方……更不要用“万般皆下品，惟有读书高”的姿态来读书。

相反，我们阅读却不知为何、不为所图时，才能真正进入“读”的状态，因为此时只有兴致、兴趣、兴味。兴味盎然而乐于与书在一起。

读书应该是一种享受，读书应该是一种心灵的交流，读书应该是一种与朋友的约会，慢慢读，慢慢谈，随时可以开始，随时可以暂停。读书的过程就如同一次愉快的没有行囊的长途旅行，边走边看，边看边想，边想边乐。

犹如我写在《英格兰玫瑰山庄》前的话：有些地方，也许我们一生都无法旅行到达，但我们可以读行天下，随文字和图画，任思想去阅尽风光。读者即行者。

3. 随心——自在圆成，初心未泯

我们所行过的岁月终会成全我们各自不同的境界。对老师而言，儿童是我

们教育的原点，读书则是我们的精神故乡。所谓精神的返乡，便是阅读。

读书是一件极个性的事。你可以或坐或卧，或迎风或沐雨，或观阳光或赏朗月；可以一杯清茶相伴，一段音乐相绕；可以一支香烟相随，一杯小酒相酌。你也可以什么都不要，仅一本书而已。你甚至可以失去自我，思想驰骋千百年，思绪纵横万十里。在一种无知无觉中，在一种无拘无束中，及自我的时空里去感悟、去品味……读书要有一种“把酒临风，其喜洋洋者矣”的心境。

读书说到底还就是一种习惯——生活惯性。习惯养成了，就成为一种自然而然的行为，不待要求，不需强制，行云流水，自然天成。正确也罢，错误也罢；高贵也罢，低俗也罢；聪明也罢，愚蠢也罢，我们可以全不理会，全不放在心里。我乐意，我喜欢。我的地盘我做主，我的习惯我承受。

4. 随缘——开卷有益，各成其趣

人与书的缘，其实是一种选择。读什么，不读什么，能读到什么，是否开卷有益，全是因人而异，在于你的选择。

“海纳百川，有容乃大。”中国文化的价值取向是多元的，“选择”是一个极为重要的关键词。中国文化的价值精神中，选择比对错更重要。陈国安教授，网名安子，是一位将视野放在课文之外的非专职语文老师。他读中国传统文化常常读出不同的兴味。记得他曾说：人生没有太多的对错，尤其是在家里，与太太、先生把对错都讨论清楚了，离离婚就不太远了。

所以在我们的文化中，“选择”是一种达成中和之美的方式。

概言之，中国文化至少有三种复杂的价值取向。

第一，以儒家为代表的进世文化：积极面对，有担当地进入社会。

以孔子为代表：以《论语》为例，他温情地看着这个世界，教你好好活。

以孟子为代表：强调鞠躬尽瘁、死而后已、舍生取义，养浩然之气。苏东

坡被贬杭州、密州、徐州、湖州、黄州、颍州、扬州、惠州、儋州等地，历经磨难，成全文化的美丽。

第二，以道家为代表的退世文化：告诉你可以回到自己，回到家里，回到农耕文化，回到“道”。家是物质的，更是精神的，是传统文化重要的价值倾向——讲究一个“归”。前半生在寻找远方，后半生在寻找回家的路。

第三，以佛家为代表的“独露身”：不进不退，刹那永恒。

所以中国文化所容纳的是不同的选择：出世、入世、安得自在。种种多元文化里有一个核心内涵，即儒家文化。儒家文化的价值观，在《论语》中有三言以蔽之。

——学而时习之，不亦说乎？

中国人的世界观。在中国人看来，每个人都有学习的天赋，都是该学习的，都是能学习的，都是通过学习而活着的。所以孔子冲口而出的“学”字是中国人世界观开始的那个字。

儒家的世界观从“学”开始，是中国人独有的认识世界的智慧。“学”是为了“习”，所谓“习”是说学的东西要在学中被激活。“学”都是为了解决问题的，为了解决生活问题，为了解决自己的生活问题。学习是你自己的，读书也是你自己的。学习是激活，是时时刻刻的激活，去获得一种灵魂的愉悦。这种愉悦通过学习、通过激活而展开世界的图景，这是孔子所倡导的重要价值。

——有朋自远方来，不亦乐乎？

中国人的人生观。为什么讲“朋”不讲“友”？友是会意字，手拉手是朋友。而朋就不同啦，月是“肉”，两块肉，没有拉着，一个独立的人和另一个独立的人，并排平等地站立，进入世界，真诚快乐。这就是中国人的人生观。

——人不知而不愠，不亦君子乎？

中国人的价值观，体现了你是你自己的，你有你的价值。不要太在意别人知不知道你。

在安子的理解中，他读到：第一句说得沉着，第二句说得欢快，第三句说得严肃。沉着中认清世界，欢快中面对人生，严肃地对待属于人的价值。这就是《论语》第一章给我们的精神启迪。

不同的选择对应不同的价值取向，各成其趣就好。清代学者王夫之曾言道："作者用一致之思，读者各以其情而自得……人情之游也无涯，而各以其情遇，斯所贵于有诗。"阅读之缘，亦贵在此处。

阅读，像是在建自己的朋友圈，没有时空、年龄、类别界限，随生活阅历增长，随思想方向演进，随个人性情爱好轨迹，择书而读，择友而交。或引以为师，或引以为友，或引以为圣，全在读书人自己。阅读是与自己喜欢的人对话，喜欢的事物可以千姿百态，没有一定不能读的书；也没有一定不能错过的书。

阅读，是读很多自己喜欢的书，时时读书，时时兴趣盎然地读书。至少读一本经典书可以是水到渠成的选择。

5. 随业——教书人即是读书人

教书人必读书，是一份职业的自然。关于教书与读书的关系，陈寅恪有言："我的书读完了，但是书是教不完的。"自信、自谦又狂傲。关于教书，他曾说："凡是古人讲过的，我不讲；凡是外国人讲过的，我不讲；凡是我自己过去讲过的，我也不讲。这也不讲，那也不讲，就只能讲新的，就必须读新书，就必定自己要写书。所以书是教不完的。"

书教不完是说书读不完，只有读不完的书，才有常教常新的书。教书永远是读书的过程，读书永远是教书的过程。有人不读书就把书教完了，不是很恐怖吗？

我的一位老师——何萍老师曾在一次读书动员大会后说道：读书动员大会以后，每位老师领到一本绿皮笔记本，准备读书。我几近休眠的大脑仿佛受了重创。让我汗颜不已、芒刺在背的是，我读得最多，几乎不离手的只有两本书——教材和教参。十几年来几乎没有系统地读过一本教育名著，只在写论文时去寻章摘句；作为语文教师，文学类书籍越读越少、越读越浅，更多的是看电视、游览网页。忙于备课、上课、批改作业、订正试卷、班级管理等事务，以及处理每个学生的生活小事——猛一回首，毕业后十几年时间就这么忙忙碌碌一晃而过。没有思考的时间，没有思考的习惯，没有注入新的思想。

教书人读书是授业解惑的必要前提，一个灵魂支离破碎的教师将何以承负得了孩子们直抵本源的追问？

首先，老师们可以尝试走出教材与教参。教书人的阅读视野决定了这三尺讲台的视域，所以老师们不应在自己的阅读书目上画地为牢、故步自封。

其次，与经典对话。身为师者，凡事应当好问一个“源”字。与其支离破碎地拼凑他人咀嚼经典之后的第二见解，不如迎难而上去细品经典中未经解读的字句，当自得一番独特滋味。

最后，成立教师共读书会，时时共享阅读心得。

清代学者叶燮曾说：“大凡无才则心思不出，无胆则笔墨畏缩，无识则不能取舍，无力则不能自成一家。”教书人的读书是“无为中的有为”，不问目的，但行所阅。我们应当以自身为媒介，使我们的孩子看到这“才、胆、识、力”的辽阔。诚如叶燮所言：“以此四言（才、胆、识、力）者，所以穷尽此心之神明。”

6. 随时随地——聚散如期，云卷云舒

也许你在书里来来去去，什么也邂逅不到；也许你运气机缘很好，处处有

遇见。错失也罢，发现也罢，没有太多的目的，就没有太多的功利，读书本身的比重就会重很多。至于书的所谓“深刻内涵”“玄妙主旨”就由它云卷云舒吧。

意大利小说家伊塔洛·卡尔维诺说过：“风从远方来到城市，带着不同寻常的礼物，但只有少数敏感的人才察觉得到。”

三、阅读化作乡愁——失落了世界的街道与心灵的巷子相遇的地方

此语出自美国旧金山“城市之光”书店。它在旧金山历史不算太长，半个世纪，可是已经被旧金山政府宣布为是当地的文化古迹了，而且很多游客是专门跑到那儿看，晚上店里面仍然是灯火通明。作为垮掉的一代的发源地，曾是艾伦金斯堡和杰克·凯鲁亚克的“家”，是反叛文化的路标，代表着自由、前卫的生活理念。“这里是世界的街道与心灵的巷子相遇的地方”，此话说的是书店，我读着想的是阅读。

阅读是我们精神生命的家园，是给予我们精神营养的老地方。而今，这个老地方正被我们慢慢拆迁、丢弃。读书变出许多讲究，变得高雅、高贵、专业，变成少数人的精神盛宴。读书正以专业的方式在专业人员中孤独地闪着文化的光芒。孩子的读书更成为忧中之忧。

我曾在书店做过调查：什么书最好卖、最赚钱。而后，并不惊讶地发现一个现象：儿童书和教辅书常常位居书店的畅销书榜首，供不应求，尤其是打着黄冈招牌的各类教辅。

果然，越来越多的成人不读书了，人们把读书的愿望移交给下一代。那么，作为下一代的孩子读书又是怎样的呢？

孩子的阅读是一件再熟悉不过的事。从孩子一出生，父母们就开始了胎教故事、睡前故事、路上故事、朋友中闲聊的故事，故事妈妈、故事爸爸……更不乏经典故事分享。

为阅读，我们做了不少，似乎已经是我们生活的一部分，却又是一件极其陌生的事。我们有着普遍的困惑：天天都在读，但是天天都担心没读好。

孩子：不读书；少读书；完成任务而读书。

家长：读好教材就好了。

教师：重视阅读。以推荐书、倡导读为主。少有把它作为教育的专业和主务来做的。

专家：有人问我："你敢不敢在你们学校只用教材识字，花大量时间读大量别的书?"

考试：普遍现象——生字词，花点功夫就能过，阅读和写作却不行，内容千差万别，错法花样百出。阅读与写作成了孩子的痛。

天天语文，一考阅读就出错。

常常阅读，一考习作就发怵。

时时看书，一说读书就无聊。

年年读书，一说毕业就撕书。

我们的孩子出了问题了吗?

我们对孩子有基本的信任吗?

让我们先看看这个故事中，记录着孩子本来的样子：一个不完美又离完美最近的孩子行在天地间，一个自得其乐的孩子。他悠游于世界，哪怕绕无数的弯道，终究会抵达要去的地方。

"喂喂，是奶奶吗?"

“嗯，是我!”

“我现在就去奶奶家吗?”

“我一个人去吗?”

“我怎么才能找到呢?”

奶奶告诉他：“沿着你家门前的路，一直走，再沿着乡间的小路，一直走。乡间的小路你不怕吗?”

“不怕，可是我不知道哪座房子是奶奶家啊?”

于是，小男孩按照奶奶的嘱咐，沿着路一直走，一直走。

发现路旁有一朵野花：“这是什么呀？是可怕的东西吗？真好闻，把它送给奶奶吧!”

小男孩摘下野花，继续一直走。可是他已经改变了方向，又往前走，遇到一群蝴蝶：“哇，这是什么？是可怕的东西吗?”小男孩一动不动地站着，它们就不见了。

他看见了野草莓：“这是什么？是可怕的东西吗？嗯，真好吃，给奶奶留一个!”

他再往前走，遇到一条小河。这可怎么办呢？一直走，鞋会打湿的。他想，把鞋脱下来就行了。小男孩继续一直走，一直走。

遇到一间大房子，探头一看：“这里是奶奶家吗?”结果，一匹大马伸出头来，小男孩吓得“哇”的一声跑了。(是马厩)

又遇到一间房子：“这间房子真小啊！这里是奶奶家吗?”房子里冲出一条狗，小男孩吓得“哇”的一声跑了。(是狗窝)

“这间房子没有门，咦，里面有声音，这里是奶奶的家吗?”房子里飞出了蜂群，小男孩吓得“哇”的一声跑了。(是蜂房)

一直走，终于见到一间大房子，小男孩开门探头看看：这儿，也许是奶奶家?

果然，开门的是奶奶，到奶奶家果然要一直走啊。

我们的阅读面对的是什么样的孩子?

阅读的本质是倾听：听别人，听自己。最早的阅读就开始于听。你给孩子讲一本书，他几乎会一字不差地记住里面的故事。如果第二天再给他脱稿讲，你有几个词用得和昨天不一样，孩子都会纠正你。

听读的孩子、视读的孩子、问读的孩子，他们在等待什么?

实现口语向书面语的转化；最优秀的书面语作品；教师和成人魅力语言的影响。

而我们迎接他们的是什么?

不好好说话：奶声奶气地上课；浅阅读交流：假对话；被朗诵：声调变化、抑扬顿挫，极富规律，没有真情、没有感受地朗读；低估孩子的解读能力：贫乏式阅读。

许多没有阅读趣味的课堂往往是：

第一课时：导入课文，自读课文，学习生字词。再读课文，理清整体构架，了解大意。

第二课时：精讲课文，往往“课文是只美丽的小鸟，可惜老师手里拿着解剖刀”。

第三课时：完成剩下的分析，完成相应的作业。

这样的课堂往往只留下孤独的语言训练：识字、解词、段意、中心、主要内容。

影响孩子阅读的还有逐渐乏味的“教材体”：读短文、读改文，比如《丑小鸭》；读断文（节选）；读简文（能读复杂的文章，却面对短小简单的散文）；

读训文，比如《三个儿子》。

试问：我们今天的教材在百年之后，还会像对待叶圣陶、丰子恺所编写的民国课本一样被人们摩挲在手、珍藏于心吗？今天孩子们的作文还会像民国时候的学生作文那样为人们津津乐道吗？

未必。我们教教材时，总不免一些工具主义：其一，为语言意蕴意义而生的文章变成字词句段篇而生的文章；其二，先认识不认识的字，再读文。这种工具主义让文趣荡然无存。

四、泉源在左，淇水在右——现象连成的儿童阅读现状

没有兴趣，不喜欢读。

没有定力，不能抵抗诱惑读。

没有系统，不能阶梯式阅读、生长式体验。

没有辨别，不能读到有利于人的精神成长的书。

……

那又何谓精神成长？

阅读能够帮助我们的孩子逐渐抵达阅人阅世，便是精神成长。具体来讲，精神成长是孩子自己生长的内部力量。被誉为“日本图画书之父”的松居直先生有一篇文章名叫《爱的语言》，其中说：“有一些话，是父母必须对孩子说的，为了使他们健全地成长，将来能够靠自己的力量过活。”

例如，人活着到底是为了什么？该追求什么？“活着”的真谛何在？父母应该从小对孩子灌输这些事，让它们深深地刻在孩子心里。

念书给孩子听，也就是为了传达这些观念……我从孩子很小的时候开始，到他们 10 岁左右，一直念书给他们听，从没有间断过。我念的书范围很广，

从图画书到儿童文学作品都有……数不清我到底念过几百本书给他们听，但其中有不少是我自己非常喜欢，希望全心全意和孩子分享的故事，也有我小时候百听不厌的故事。有时候说着说着，我自己比孩子还陶醉。我常在事后才察觉到，我期望某个故事能让孩子了解某些事情，或产生一些特定的想法或感受。

孩子长大以后，我才真正了解到，当时我用自己的声音、自己的语言讲了这么多故事……透过这些书，我已经在他们小时候，把一个父母想对孩子说的话说完了。

松居直先生以过来人的质朴话语，温暖地传达出图画书阅读——乃至于整个阅读的意义，诚恳、有力。《爱的语言》这篇文章蕴含了松居直先生对图画书的一个重要论断，他称之为“50年从未改变”：图画书不是让孩子自己读的书，而是大人读给孩子听的书。

接受“图画书是读给孩子听的”这个观点后，我迅速解决了一个问题，这个问题是直到现在还有朋友问我的：图画书太贵，字还少，一会儿就翻没了，云云。没错，不过，图画书是读给孩子听的，不是教科书，更不是识字读物，你可以给他们读很多次，反反复复读一辈子的。

纵观我国20年来的发展态势：经济指标增长迅猛，但人均阅读量只有微量增加。我们的图书出版数量很大，但是人均阅读量只增加了0.4，从人均5.25册变成5.65册。大部分小学生课外阅读量非常少，几乎没有课外阅读的小学生占总数的40%左右。没有课外阅读的学生，最缺的当然是阅读。而对于有课外阅读的学生，我觉得最缺的是比较好的阅读指导。

再来看看中外儿童阅读对比：

中国：每周7节语文课。每天课外阅读20分钟。低、中、高学段的学生课外阅读总量分别不少于5万字、40万字、100万字。

加拿大：语言艺术课的分量远远大于其他各种课程，最强调培养孩子的阅读兴趣和阅读能力。每个家庭的父母每天都会坐在孩子身边用至少 15 分钟来倾听孩子的朗读。

一年级一年阅读几百本本年龄段的书。中年级精读课读童话、寓言、传说等故事集和章节小说。高年级开设短篇精读和长篇小说两种课程。学校每周一个阅读包。社区每周免费借书 60 本。

新西兰：幼儿园的孩子几乎一半的时间都在进行趣味阅读。许多年来，他们的学生在国际文科测试中名列第一。

曾几何时，阅读是我们的文化身份证，我们智慧发源的精神河床，是我们的人文素养。梦想与现实，需要以阅读连接。生命不能重来，童年只有一次，真正的开始就是我们感到需要阅读的时候。

五、杏花疏影里，吹笛到天明——儿童阅读策略谈

阅读在我看来，既是常识又是专业。其中最遗憾的是教师的语文教育知识结构性缺失：

1. 缺失儿童文学课的选修：90％没有修过。

2. 缺失儿童文学的阅读经历：没有相应体验。

3. 缺失儿童的缪斯天性：丢失了这份诗性后，我们就不能和孩子共处一个空间，真正地理解他们，支持帮助、引领提升他们。

孩子阅读的关键期以 9 岁为分界，分为如下三个阶段：

9 岁以前，是孩子学习怎样阅读的时期；

9 岁，是孩子阅读的关键期；

9 岁以后，是孩子用阅读来学习的时期。

由此，究竟如何让阅读抵达儿童心灵深处，已是一个迫在眉睫的议题。

1. 孩子在阅读中看见自己

我想，真正的阅读是孩子被童书、被文字本身的魅力所打动，被深深吸引；是主动地与文字里的人物世界相通，去建构一个可以让孩子灵魂自由发展的属于他的意义世界。

琪琪是我们学校一位三年级男孩，酷爱阅读，有自己的思想和独特的见地。和其他男孩一样，琪琪也有“淘”到让妈妈几乎“崩溃”的时候。一天，琪琪犯了错误，妈妈没能控制好情绪，怒气难忍，一度口不择言：笨孩子、傻子……一番怒斥。可是盛怒的妈妈并没有激怒琪琪，琪琪反而镇定地抬起眼睛看着妈妈说：“妈妈，你说的这些并不重要，我是读了很多书的人。不是你说我傻我就一定是傻的。重要的是，我对我自己有认识和判断。”妈妈一下感觉到极度自责与汗颜。

是什么让不满 9 岁的孩子在面对一位强势成人的语言暴力时，不怀疑、不否定、不屈从，而是坚信自己的自我认识与自我判断？一个不到 9 岁的孩子，又依靠什么对自己作出判断？老师的评价？同学的认同？父母的观点？

阅读帮他建构起的属于自己的意义世界，让他能以小小的个子立于自己的精神世界。

阅读，是一段旅程。一本书当在被开启的那一刻，就无声无息带着一颗富于创造的童心进入一个浩瀚的斑斓世界。翻开书页，就是开启一段段阅读的旅程，其间许多熙熙攘攘的人物、故事进入孩子的心里，或深或浅。在故事中，在与人物的相遇中，孩子或清晰或模糊地看见自己的影子。那些故事和人物对孩子的精神力量的汇聚、自我认识的指引是深刻而生动的。在这样的文字旅程中，孩子看见自己、建构自己，最终认识并完善自己。阅读像镜子一样，成为孩子自我成长的一种投射，让孩子在阅读中照见了自己更加美好的样子。

2. 孩子在阅读中解码世界

良好的阅读榜样就像时间为真理赋予的密码，孩子通过一个个亲切的阅读伙伴为世界解码。教育正是一种阅读影响力，读书人影响读书人。良好的阅读伙伴往往彼此点燃，彼此解码。

在对影响读书内容的选择上，有学者调查：父母占比 33％，最好的朋友占比 27％，同学占比 38％。根据群体动力学，孩子很乐意和同伴交流对话共同的话语情境，并约伴同读、赠书。我常说，成全一个孩子需要一个地球，如是，成全一个孩子的阅读自然需要良好的阅读环境，诸如要有独立的空间，房间陈设最好充盈书香的氛围。除此而外，良好的阅读方式更是阅读的灵魂，我们要尊重孩子对文本的多元解读与个性表达。儿童与这个充满密码的世界交会时，是用他们独有的密码来解码，而看见并理解，是我们以成人本位能够给出的最好支持。

3. 孩子在阅读中感受浪漫与精确——从随性选书开始

淘书乐，乐淘书。给孩子自主选书的权利，要信任他会为自己筛选出合适的阅读书籍。无论是从目录、名家推荐语、好书“排行榜”、书籍获奖情况、书评、序言、出版商、购书网站宣传语、宣传画，作家信息、有想象力的、有真实情感的、能影响价值观启蒙的……甚至是“盲选”到的可以勾勒整本书的内容、风格、层次的一页，都可以作为“淘”书阶段的内容。

孩子为自己淘书同样是一个从浪漫到精准的过程，向着自己喜欢的那一本，有价值的那一本。

我们不能剥夺孩子自主选书的权利，但我们需要把握为孩子设计阅读活动的度，尤其是小学期间的阅读是文学与艺术、教育和审美的综合阅读。静心阅读当是基础活动，不能将重心过多放在活动设计上，挤占属于阅读的时间和空间。但不能只有坐读，要有多种形式的加入，如讲故事、讨论、表演、绘画、续编、比较、变成其中的人、讲给别人听。我们可以进行“书虫长长长”的游戏，让孩子将读过的书名写在虫肚上，虫子不停地生长，孩子将不断延伸阅读：从主题延伸、作者延伸到事件延伸，逐一辽阔而深邃。

在这个让孩子自主选择的过程中，需要每一位家长容得下老师的浪漫，每一位老师容得下孩子的浪漫。这种浪漫是自由生长的阅读洞察、若隐若现的阅读机会、随性选择的阅读喜悦、相遇初见的阅读新鲜、想念寻觅的阅读饥饿、朦胧萌发的阅读直觉；这种浪漫包括《盗墓笔记》《爵迹》《地质勘探故事》《明朝那些事儿》，抑或是古典名著阅读、经史子集的深度阅读……从浪漫行至精确，需要找到自己的方向，而这个方向是动态的，它会随着年龄、阅历、经历而变换。在一个浅阅读时代，我们可以通过读一些有高贵血统的书，在聊书与讨论书当中渐渐明确自己所缺的阅读。

当然，自主选择不是率性而读，而是要避免误读“随性”：

阅读不是浮光掠影的扫过——流于肤浅；

阅读不是守株待兔的等待——流于被动；

阅读不是锁进深闺的自赏——流于封闭；

阅读不是一蹴而就的收获——流于功利；

阅读不是安安静静地坐读——流于枯燥。

随性阅读不随意。

首先，随性阅读应当从整本书开始。台湾学者郝明义在其译作《如何阅读一本书》中写下：不管你读的是什么，不管你读得有多么艰难，不管你意思有多么无法理解，还是某个词你不认识，都一口气把它读完，这才是正常的阅读。

整本书阅读能够唤醒强烈的阅读欲望，培养真实的阅读能力，挑战持久的阅读意志。

读书的欲望要靠巧妙的阅读指导点燃，阅读的能力要依靠细致的点拨助力，像农民播撒种子一样把方法和技巧种植到学生阅读的过程中，让学生在阅读中学会阅读。而我们首选生长兴趣和能力的土壤是优秀的短篇小说类的整本书。

整本书与单篇文章相比，具备以下特点：人物众多，性格各异，总有契合孩子兴趣之处；故事丰满，情节曲折，总有触动孩子情感之处；主题复杂，意蕴丰富，总有吸引孩子思考之处；文字海量，成篇结章，总有考验孩子意志之处。

总而言之，读整本书对一个孩子的注意力、感受力、分析力、思考力、创造力、意志力等都提出了极大的挑战，阅读成为一种高强度的思维锻炼、情感培养和能力锻造。在这个喧嚣浮躁的时代，在这个阅读大多是短阅读、浅阅读，专注力丧失的时代，谁能经常挑战读整本书，谁就能“脱颖而出”，拥有不一样的童年。

其次，随性阅读以兴趣启动阅读，以阅读抵抗诱惑，以安静沉醉书香。

在我看来，没有比想要阅读更重要的阅读技巧，没有比安静阅读更美好的阅读境界了。现在的孩子静不下来，“多动”频发，其实除了我们看到的外在的身体多动，更多的是源于内在的心理多动。聊天、屏幕互动、手机、平板、电竞无所不在，随之而来的是各种散漫、拖延、游离。现在我们确实身处在一个浮躁繁杂的社会环境中，如何安放一张安静的书桌让孩子沉下心来，是我们陪伴孩子不可回避的问题。孩子是游戏世界的原住民、天生玩家，游刃有余于游戏世界，在虚拟与现实中自由行走是他们的必修课程，像小王子驯养玫瑰一样驯养屏幕，让那个屏幕成为自己的玫瑰。

当然，驯养途径不少。例如：与大自然多接触，与艺术多接触……在这些方法中，读书未必是最好的办法，但肯定是最便捷最高贵的一条途径。书籍自有魔力让孩子实现各种角色的随性转换并深陷其中不能自拔。

再次，随性阅读当从有意思的阅读策略开始。

比如当我们阅读《蓝色海豚岛》时，可以采取积极质疑的方式来追问那些朴素的问题，可以向作者提问、向卡拉娜提问、向鲁滨孙提问；或者当我们阅读《愚公移山》时，可以主动推演故事，预置人物、逆推进程、触发联想：如果你变成愚公、村民，在当时的条件下，你有什么好办法来移山？

也许你会收获来自孩子们的可爱答案：用树干撞山、敲击锅和罐吵山、做蛋糕给山神吃、跳移山舞……如此，阅读就于无形中向孩子浸润了批判性理解与创造性理解。

最后，随性阅读的趣味更可以兴于艺术的文图转换、参与型创作阅读、思维导图绘制阅读、随心的结伴共读。

以我所在的学校为例，我们的结伴共读是如此进行的：共读书目人手一本，孩子们自由阅读、共读研讨、主题探究，他们按照探究周期来汇报成果，自行拟定探究形式、选择探究环境。

自由阅读：先让学生自由阅读，大约一个星期。

共读研讨：一个星期后，学生自己读完一遍，我们开始共读研讨。每天安排一定章节，发给学生相应章节的导读条，和家长共读讨论，并写下共读的体会。第二天的午读时间（每天下午上课前我会利用 20 分钟进行），就阅读这些章节的重点段落，有时还让孩子们演一演部分情节，并对家庭的讨论进行提升引领。

主题探讨：一本书读完后，要进行主题探讨，让这本书真正穿越孩子的生命。

探讨的价值：讨论比读书更重要。康德说："没有讨论的阅读是无趣的，没有阅读的讨论是空泛的。"探讨远大于空洞的阅读方法指导。建立阅读话题圈、朋友圈，构建孩子与孩子、孩子与老师家长、孩子与作者、孩子与时空等良好的关系。

探讨周期：每周一次共读交流，小组轮流"坐庄"；

每月一次主题读书会，以专题展开；

每期一次阅读博览会，诵、展、演、赛；

每日（课）一次阅读讲坛，人人登台，读书像呼吸一样自然；

探讨形式：活动式——预设流程，主持推进；

研讨式——互动生成，生命在场；

竞赛式——闯关挑战，机遇与风险同在；

漂流式——一见钟情，乐于分享。

探讨环境：把学校建在阅览室里，把阅览室的书搬进教室、楼道、过厅、食堂、洗手间，建立安全的精神环境和心理环境。读书终将成为我们的精神漫步。

品读玩味：有电影的就让学生观看影片。鼓励孩子们动手办关于阅读书目的推荐卡、手抄报、编排戏剧等。

通过这样的共读、交流，孩子们有了和他人交流的媒介，使教育远离了道德说教，可以通过故事认识自我、看到世界、触摸世界、连接世界。然而，一个孩子在阅读的"技"上开启了一个世界之后，他就会不满于仅仅看见、触摸到、连接于世，而以每个孩子天生的惊奇之心向着阅读的"艺"来追问：儿童的阅读能深抵何处？

4. 孩子在阅读中思想变得深邃

你会追问“真实”这个词吗？当你面对日常生活一贯如常的一切，是否有过怀疑？这个疑惑第一次惊醒了康德“独断论”的迷梦。休谟拒绝承认“知识”源于物质对象，并认为我们眼前所见的仅是我们的直觉和印象。由此，一切离开我们知觉的知识都将变成值得怀疑，我们仅仅只能知道关于事物的第一印象，却不知该对象的本质如何。所谓因果联系，在休谟看来，无非是一种习惯，为我们的主观服务，并不能教我们进入事物内部。

基于休谟深邃的追问，才有康德将“现象界一物自体”进行了区分，并随之区分了“先验的一超验的”两个概念。

休谟这个看似天真甚至有点儿“反常”的追问却引起了一代代哲学家的思考。

“到底什么才是真的？什么是真?”我们的孩子在一堂思辨课上向老师提问，未尝不是与数个世纪前休谟的遥相呼应。

你所理解的“真实”是否仅仅是这个《三只小猪》的故事背后那个隐藏着的真相?

您觉得这个世界是真实的吗？

眼前的一切，我们都是真实的吗？

如果是真实的，你何以证明它是真实的？

你如何确信您所见的就是真实?

我忆及一堂思辨课上，刘老师以《三只小猪》的故事为思辨原点，与孩子们在课上完成共读，激起了孩子们无数的追问。一群三年级的孩子就是从这个故事开始的，对故事中的每一页、每一个细节提问，边提问边记录，边回忆边找线索：

从“狼是否吃掉了猪”这个故事之内的问题逐渐变成“到底什么才是真的”。

孩子们在一堂课上建成了他们自己的问题博物馆。

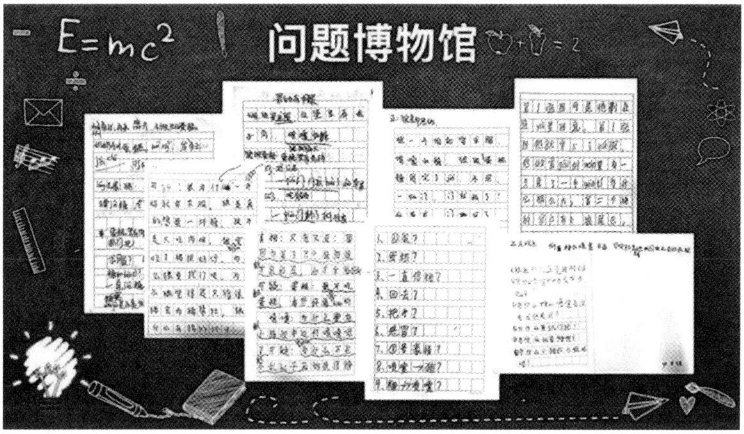

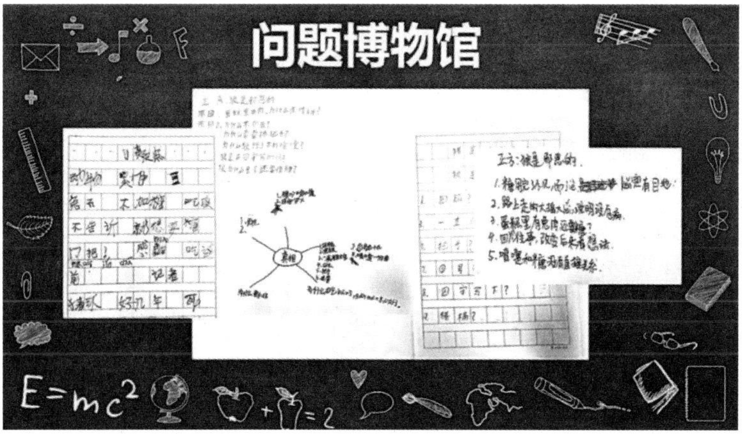

“为什么叫‘真实故事’，难道这个故事还有假的?”

“真实故事是什么样的?”

“封面上的狼在干吗？我看它把猪都吹跑了。”

“标题上为什么写了《大野狼日报》?”

“我看到左边写了‘口述’，这个故事是作者写的还是这只狼写的?”

“狼为什么穿了西装打了领带？这是不是意味着这只狼是一只不同凡响的正直又有文化的狼?”

“最后的真相到底是什么？到底什么是真的?”

……

孩子们完全沉浸在破案的快感里，接二连三提出自己的追问与思考：

“我觉得真相就是狼是虚伪的，他吃掉了三只猪。在绘本的最后，他都胡子花白了，他的奶奶肯定去世了，他为什么还坚持在借糖？而且借糖的杯子上说明了这是猪的杯子。”

“哦！我知道了！这头狼最后肯定把猪狱警吃掉了，逃出来了！因为我记得在前几页绘本中，从狼的手上可以看出狼穿的是囚服……”

随着这个提问的高潮，同学们果然就“狼最后是否逃出了监狱”展开了激烈的辩论。

“你们讨论这个问题的原因是什么？这个问题和故事的真相有什么联系？谁能告诉我?”随着刘老师的追问，孩子们的思考更加清晰了。“狼如果逃出来了，说明他肯定说谎了，就可以知道真相了。”其中一名孩子边举手边回答着。

此时，课堂的讨论重点从故事的真相开始确切到“狼是否越狱”的细节推敲。刘老师板书了孩子们所有的问题，并不断邀请更多的孩子作回答。我一直深信，课堂是孩子们通过阅读文本解答世界的方式。孩子们身为同龄人，互相解惑会以更贴近他们自身的儿童交流方式来进行，有时比教师的解惑来得更高效也更生动。刘老师便在这堂课的追问与解惑中渐渐“隐退”。

我想起几个月前有老师和我聊天，问我关于低龄段学生在课堂讨论时出现控场困难的问题。我的回答是：一个在教学资源上完全吸引了孩子们的课堂，也许会减轻老师所谓“控场困难”的压力。孩子在课堂上一些有趣的“失控”，不正是追问的惊喜么？

提问之后，孩子们选择用找答案或者想答案的方式给出答案。通过“提问—对话—解决—再提问—辩论”的方式，追问故事的后续——“这头狼最终逃出监狱与否，就是研读故事的关键线索”。然而狼最终逃出监狱与否是绘本最后留下的悬念。

孩子们在存疑之中仍然感到惊奇，于是他们为这个故事给出了关于真实的不同观点。

在所有观点的碰撞中，有孩子发出“啊，有好多的真实”这种感慨。但这仅仅是思辨的开端，而它终将旨归于哲学。哲学起源于对事物的惊讶，儿童的好奇之心就生长在哲学的起点。全视野正是哲学的思考方式，在一个大全的立足点上去看见事物、感知事物，从而可以照辞如镜、平理若衡。一切思考必须站在最辽阔的视野上，竭尽一切理解后选择立场。哲学最宝贵的财富就是“无界”。在祛除了对事物认知的局限之后，全视野地看待世界，才能去追寻真理。

全视野的深邃阅读，又能向着哲学深入何处呢？这群三年级的孩子从“三只小猪的真实故事”走到了哪里呢？

——柏拉图“洞穴理论”。

这群三年级的孩子们开始了各自的怀疑，还画出了自己理解的洞穴理论，甚至对柏拉图发起了追问："那个最先发现真实世界的囚徒，后来的命运是什么?"

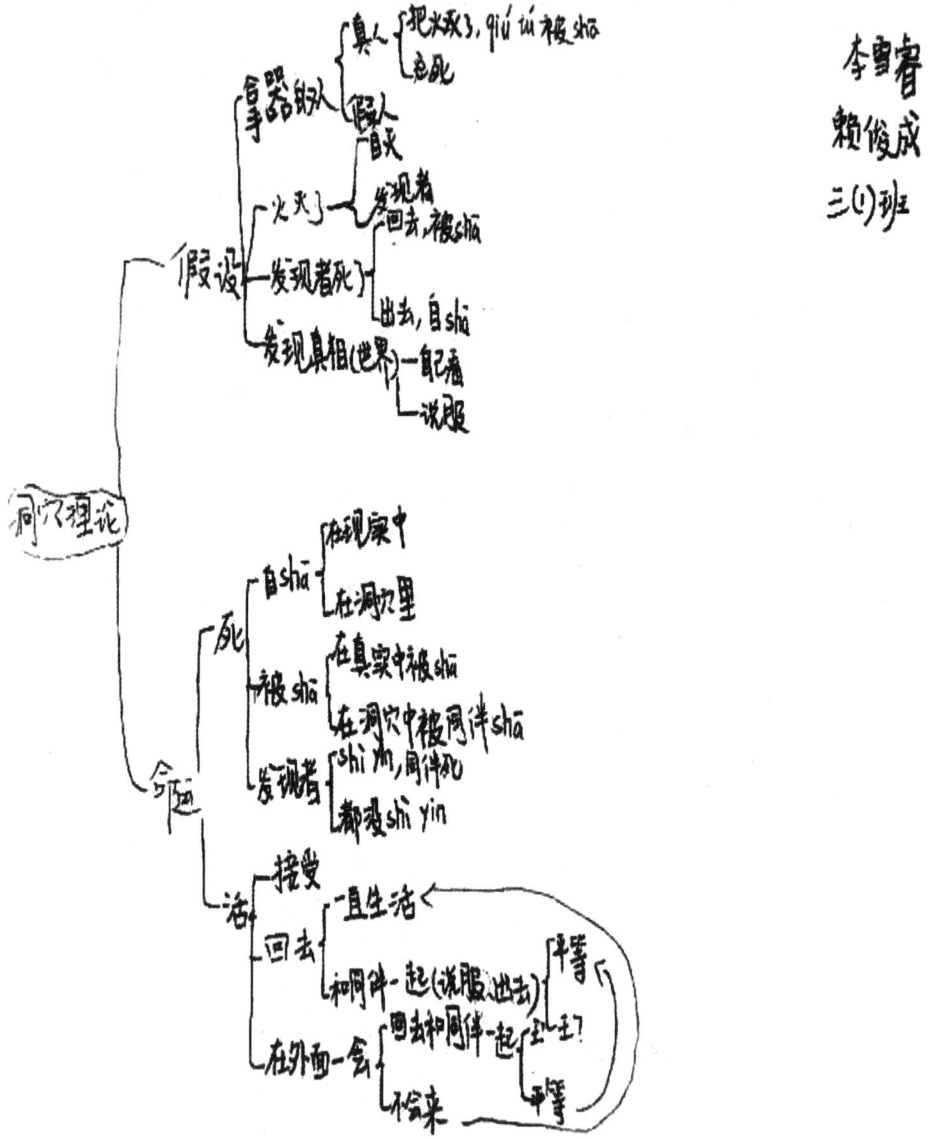

如此种种，构建起了孩子在好奇心驱动下对整个世界全视野怀疑、追问的人的大全世界。我想，这就是一种全视野的阅读，而我更加笃信的是这些赤子好奇心下的阅读伟力能够深入到哲学深处。

5. 孩子在阅读中修行

好的书籍能带给孩子什么？

不一样的知识结构，不一样的认知方法，不一样的生活体验，不一样的阅读期待，不一样的思维、情感和态度，不一样的写作能力和思维素质……

从阅读到书写，孩子在阅读中的修行的广度是他书写世界的宽度。

倘使我们以片段写作为形式，请大家思考：你是什么时候，在哪里，为什么摘这一片叶子？请用一段话谈谈这片叶子的来历。

于是有的会写下：

这是一片柳叶。我家院子里有一棵柳树，满地落叶，全枯了，或被虫子咬残了。今天早上，我却意外发现了它。它完好无缺地躺在那，修长优雅。它的美让我心动，我就采了它。

有的会写下：

我的这片叶子是法国梧桐叶。这是一片不完整的叶子，它已经碎掉一个大角。在路边捡起它时，我想到断臂的维纳斯，残缺也是一种美。

有的会写下：

我也捡了一片并不美的树叶，它的绿色正黯然消退，有些苍白，上面霜痕犹存，脚印斑斑。它一定经历风风雨雨，经历苦难；它也一定娇嫩过，茁壮过。它老了，安然回到大自然的怀抱。这是一片沧桑的树叶，就像人的一生，我敬重它。

……

不同的思想水平和表达水平背后，立着不同层次的阅读基础。

从阅读到书写，孩子在阅读中的修行深度亦是他观照世界的真情。一份饶有兴味的阅读材料，就有可能在来日变成孩子笔下熠熠生辉的文字。

在学生的作文中，我们曾经读到这样的句子：

晚上，

星空，

像孔雀尾，已经展开在我们的头顶上了。

无独有偶，在土耳其诗人希克梅特的作品中我们同样可以读到这样的诗句：

像孔雀尾巴一样的星空，

已经在我们的头上展开。

我们还可以在当代一位作家的小说《辽阔的星空》中读到这样的开头：

星空，

像孔雀尾。

将读与写融会贯通，这样的例子比比皆是。当我们阅读时，世界如其所是地呈现开来。所谓的读书、阅人、阅事、阅世，都是人生于世的一场漫长理解，在时间中彼此抵达。我经常提醒自己：切不可以知当行，没有笃行至此，也就无所谓知，书便只能是书、是消遣，再多也一样。不时地离开书，“由衷”地去行动，心之所指、意之所至、行为油然而生，书方能为人所驾驭，释放其庞大能量。

相传南宋绍兴有一文士，写诗云“会得松风元物外，始知江心是吾心”。后月庵善果禅师将此诗重作，改为“会得松风非物外，始知江心即我心”。阅读与笃行正成全着这样一份彻悟，这彻悟便是一种“圆觉”，是整体的览观，是“行到水穷处，坐看云起时”的自我内在自性显露，是我们终将抵达的生命境界。

李镇西说

源于书卷气的优雅

在我看来，如果用“美女校长”来称呼蓝继红，尽管称呼者想表达对她的夸赞，但对蓝继红来说，客观上却是一种贬低。

当然不是说蓝继红不漂亮，如果仅仅用“美女”来定义她，就忽略了甚至抹杀了她源于书卷气的优雅。

按说，教师是知识分子，而且还是以教人读书为职业，但现在恰恰许多教师不读书，甚至还有为数不少的校长也不读书。在这种“国情”下，蓝继红却坚持读书，浑身散发出的书卷气，便显得让人钦佩了。

坦率地说，我并不完全同意蓝继红关于读书的一些具体看法，但我完全同意她对教师阅读的意义之阐述——

教书人本应是读书人，读中为教寻路、为己觅方、为生铸光。“外师造化，中得心源”，阅天地万物千般造化，得之于玄悟，方始纵横中度，左右逢源。惟其如此，读书人才能培养出小小读书人：读书、读人、读事，世事洞明皆学问。世界是我们的文本，我们是世界的读者。身为师者，读书更是教育的姿态。教育的本质是阅读，阅读为我们的语言、思想、审美、价值观奠基。

最关键的是，蓝继红的书卷气不是“说”出来的，更不是“装”出来的，而是自然而然由内而外地散发出来的。当她身上浓浓的书卷气散发到了校园，整个学校便也书香氤氲、诗意盎然了。

我说的当然是因蓝继红而闻名的成都市草堂小学。《中国教育报》曾这样描述草堂小学。

学校里的一切都浸润着一抹诗意：小路上刻满了杜甫的诗句，名叫“诗路花语”；“云影屋”是教师办公室的名字；会议室是多彩的，桌子是蝶形的；校园里涌现出一大帮“诗人”，教师、学生统称为“土诗”——“土著诗人”；班班建诗社，人人乐参与；学校编辑《草堂诗社》专辑，班级编辑班级诗集，学生自编个性诗集；每周3次经典晨读，每周1节经典赏析课，每周1次校级诵读，每周4次班级诵读，天天坚持个人诵读……

我不只一次去过草堂小学，还曾专门带着我学校的老师们去参观。我每一次去都会感动。

一个校长的阅读带动了一群教师的阅读，再通过教师带动了一校孩子的阅读。这就是几乎被人用滥了的那个短语“阅读的力量”的真实体现。

蓝继红说：“好的书籍能带给孩子什么？不一样的知识结构，不一样的认知方法，不一样的生活体验，不一样的阅读期待，不一样的思维、情感和态度，不一样的写作能力和思维素质……从阅读到书写，孩子在阅读中的修行的广度是他书写世界的宽度。”

现在，曾经创造草堂小学奇迹的蓝继红已经走出草堂小学，领衔巴德美际学校。我无法预测她还将创造怎样的奇迹，但可以坚信的是，她的书卷气将继续熏染一座新的校园，并温暖一批又一批孩子的心灵。

重建课堂教学

教育专家　张华

究竟什么是教学?

要理解教学的内涵，我们必须回到历史。世界教学思想和实践的历史有两大分水岭。第一大分水岭是发生于欧洲的启蒙运动（The Enlightenment），时间是18世纪。启蒙运动对人类教学产生了重要影响，教学由此被划分为古代教学与现代教学。古代教学的特征可从两方面描述。积极的方面在于其对话精神与探究精神。这可从孔子和苏格拉底的伟大教学实践窥见。孔子说道："吾有知乎哉？无知也。有鄙夫问于我，空空如也。我扣其两端而竭焉。"（《论语·子罕》）孔子不是为了表示自己的谦逊而说"无知也"，而是为了表达一个教师的基本特征：永远承认自己无知。历史学家钱穆注解孔子这段话时说："善教者，无知也。"只有无知，才能不断去探究。因此无知是探究性教学的前提。无独有偶，古希腊哲学家苏格拉底也说"我知我之不知"，通俗地说，即"我在真理面前一无所知"。他因而发明了照亮西方教育史伟大教育理念与方法的“苏格拉底谈话法”，即“精神助产术”或“产婆术”（Art of midwifery）。教师不是向学生灌输真理的人，而是通过对话接引学生“精神胎儿”的“产婆”。凡此种种均表现了古代教学智慧的珍贵，可谓“原始的丰富”。这些教学智慧是我们今日重建课堂教学的宝贵资源。

古代教学的消极方面是其专制性。教学不可避免地反映了古代君主专制和教皇专制的特性。我国古代君主专制的主要理论基础是法家学说。如法家的代表作《商君书》这样写道：“圣人之为国也，壹赏，壹刑，壹教。壹赏则兵无敌。壹刑则令行。壹教则下听上。”（《商君书·赏刑》）通过统一奖赏、统一刑罚，达到统一教义的贯彻，最终培养“下听上”的驯服臣民。这就是法家的“一教论”，是古代专制教学的代表。

启蒙运动为现代教学奠定思想基础。启蒙运动的核心精神是理性自由。用康德的话说，就是“每一个人随时都有公开运用理性的自由”。启蒙运动带来两大结果：一是科学技术体系的建立；二是工业化运动的兴盛。这些结果深深影响了教育和教学。一方面，倡导理性自由和个性自由成为一种教育精神。这使人类教育摆脱了古代专制教育阶段。另一方面，教育的“生产模式”也被创造出来，并迅速普及。这种模式影响深远。即使在20世纪初的美国还短暂流行过“教育即生产”“学校即工厂”这样的理念。教育的“生产模式”在价值观上认为人的心灵可以像工厂车间里的原材料那样加工、改造和控制。在知识观上认为科学知识是不以人的意志为转移的“客观真理”，必须要在课堂上进行忠实传递。在方法论上则发明了班级授课制和教学的形式阶段论。班级授课制产生于文艺复兴以后，但却流行于启蒙运动以后。班级授课制的发明人夸美纽斯说：“我坚持认为，一个教师同时教几百个学生不仅是可能的，而且是很重要的……正如面包师只揉一个面团、只用一个烤炉做出大量面包，又如一个制砖匠同时烧很多砖，一个印刷工人用一套铅字可以印出成千上万本书，所以一个教师应当能同时教很大一批学生而没有丝毫不便。”这是“生产模式”的明白写照。启蒙运动以后的赫尔巴特继承并发展了夸美纽斯的班级授课制。他基于启蒙理性中的分析思维，将一堂课循着分析、综合、巩固、运用的思路划分为线性延续的四个阶段或环节，由此形成影响深远的“教学形式阶段论”。这样通过班级授课制系统传递学科知识的教学模式宣告完成，现代教学体系得以确立。

教育的“生产模式”显然不能培养自由个性和民主社会的公民。于是当历史发展到 19 世纪末 20 世纪初的时候，世界范围内兴起了又一次教育启蒙运动，这就是著名的教育民主化运动。我认为这是教学史上的第二道分水岭，它使现代教学发展为民主教学。教育民主化运动的代表是北美的进步教育运动、欧洲的新教育运动和我国民国时期的新教育改革运动。具有代表性的民主教育思想家包括杜威、皮亚杰、蒙台梭利、陶行知等。课堂教学被基于民主的理念而得到根本改造。民主的基本特征有二：民主是互动的、合作的，这意味着个人与个人之间、个人与集体之间、不同集体之间是自由互动、合作和利益共享的；民主是探究的、创造的，这意味着个体思想自由，探究、创造的权利得以实现。课堂教学由此实现两大变革。第一，课堂教学再也不是教师向学生传递学科知识、“客观真理”的过程，而成为一个问题解决和探究的过程。教学本身就是师生合作探索知识的过程。师生通过探索知识而产生自己的理解和思想。这就是杜威的名言：知识的学习是探究活动的副产品。知识变成了探索的对象和在生活中使用的工具。第二，教学再也不是教师、学生、教科书三个实体的组合，而成为一种关系，教学永远处于师生的互动过程之中。正如杜威在《我们怎样思维》一书中指出的，教之于学，恰如卖之于买。教与学的关系不再是主导与服从、主体与客体的关系，而是如买卖般相互依存：有买才有卖、有卖才有买。陶行知从美国学成归国后提出的第一个观点是“教学合一”，所表达的是教学的关系性；他进而提出了“教学做合一”的观点，所揭示的教学的关系性和探究性的融合。

教学是关系，教学是探究和创造，这是 20 世纪以来一以贯之的教学观——民主时代的教学观。进入 20 世纪 70 年代以后，巴西著名教育家保罗·弗莱雷（Paulo Freire）认为：如果教学变成一种关系，表达教学最好的词是对话。既然教学是一种关系，教师再也不是教师，而是“称作教师的学生”（teacher—student）；学生再也不是学生，而是“称作学生的教师”（students—teachers）。教师也是学生，甚至是比学生更善于学习的人。学生也是教师，他们不仅相互教着，而且深深影响教师。弗莱雷还提出了“主题探究”（thematic investigation）的思想，认为对话教学就是师生围绕主题展开探究的教学。因此 20 世纪初教育民主化运动以来，课堂教学每前进一步，都是既突破传统专制教学对人的精神的控制，又突破现代班级授课制对人的思想的压抑的过程。

究竟什么是教学？教学是师生合作进行的真实研究。其根本特性是关系性和探究性。

为什么把教学变成研究？

让教学变成研究，即倡导研究性教学，其价值绝不仅限于教育。这对文明进步和社会进化具有重大意义。研究性教学是民主社会的必要条件。杜威曾说大自然的进化靠力量，而人类社会的进化靠探究。我国普遍存在的应试教育阻碍着人类社会的进化。

我国以灌输和训练为特征的课堂教学源自“凯洛夫教育学”。该教学观是斯大林意识形态和赫尔巴特“形式阶段论”杂交的产物。它甚至把一堂课的讲授过程细分为“6个环节”并规定了相应的时间：1. 工作开始的组织（记载缺席的学生，迅速准备当前的工作），用一两分钟时间；2. 查阅家庭作业的完成情况，用3分钟～8分钟；3. 讲解功课的题目与宗旨，并确定其与已学功课的联系，用5分钟～10分钟；4. 讲述并说明新教材，用10分钟～20分钟；5. 巩固已经教过的教材，用10分钟；6. 详细说明新的家庭作业，用5分钟～8分钟。在“凯洛夫教育学”的视野中，这就是“课的构成及包括教学一切环节的实施过程”。这种教学所对应的是专制制度的最后阶段和工业制度的初中期阶段，与信息时代、知识社会和民主时代的教育教学的要求相去甚远。

一个民族，如果没有创造性一定会被信息时代所抛弃。更根本的是，没有创造性的人格不是健全的人格，没有创造性的人不能成为民主社会的公民。因为没有创造性意味着没有思想，没有思想意味着让别人给自己做主，由此成为奴性人格。柏拉图说，奴隶就是让别人给自己拿主意的人。我们这种与创造性绝缘的应试教育模式，纵有一万个理由，也不应当继续存在了。

关于“钱学森之问”，即“为什么我们的学校总是培养不出杰出人才”，我想表达两点看法。第一，“钱学森之问”是个真问题。有数据为证：1901年至2007年，诺贝尔物理、化学、生物或医学三大科技类奖总数469人，分属于26个国家，其中美国204人，占43.5%；1968年至2000年，诺贝尔经济学奖总数46人，分属于12个国家，其中美国30人，占65%；1936年至2000年，菲尔兹数学奖43人获奖，分属于9个国家，其中美国16人，占37%。迄今为止，我国大陆仅有屠呦呦2015年一人获得诺贝尔医学奖。美国学生知识、技能的熟练程度世界上位列差等，但其创造力举世领先；中国学生知识、技能的熟练程度世界上遥遥领先，但其创造力却非常薄弱。其根源究竟是什么？知识、技能在我国教育和社会中究竟扮演了什么角色？由此导致的结果是，知识、技能的掌握与创造性发展形成“剪刀差”的关系：知识、技能越熟练，人的创造力越萎缩。

第二，“钱学森之问”又是个表面问题。因为“钱学森之问”背后的假设是：社会的发展是由“杰出人才”所决定的。这是一种精英主义价值观。它在本质上是等级主义和专制主义的派生物。这不仅对社会的民主化没有好处，而且对精英人物自身的成长也没有好处。中国社会强调精英主义，只会延缓社会启蒙和民主化的进程。

每一个个体和整个民族丧失创造力的教育根源是：价值观上，教育为等级主义和功利主义绑架，泯灭内在价值，丧失生活乐趣；知识观上，知识创造过程与教育过程被人为割裂，教育意味着研究的终结，知识变成了“传输物”，教育的知识创造功能被人为剥夺。

解决“钱学森之问”的教育方案是：在价值观上尊重每一个人的自由个性和创造权利，由此首先恢复全民的即大众主义的创造性，进而从中产生少数杰出人才；在知识观上让教学实践由传递别人的知识转变为创造自己的知识，促进每一学生自由个性的发展，让我国教育学由“知识传授论”转变为“知识创造论”。总之，让教学变成研究，走向“研究性教学”。

在我国中小学，学生的手和嘴为什么最容易成为受禁锢的身体器官？我国许多中小学所制定的“学习纪律”或致力于培养的“良好学习习惯”，往往以限制人的手别乱动、嘴别乱说为特点，这不仅不是好的学习习惯，而且阻碍了我国教育创新发展。教育民主化运动以来的课堂教学，是以解放人的双手和嘴巴为特征的。杜威说要“做中学”，陶行知说要“教学做合一”，皮亚杰说要创造“活动教学”“活动学校”。为什么？因为教育民主化运动以来，世界教育科学所达成的一个基本共识：人只有改变了这个世界才能理解世界，只有改变了知识才能理解知识。德国哲学家海德格尔也说道：“手必定不同于所有能把握的器官——猫和狗的爪、螃蟹的钳、野禽的脚爪，手与它们本质上有天壤之别。手所能具有的本质是会言说、会思的本质，并能在活动中把它体现在手的劳作上。”人的双手是一个能思维和言说的器官。人是用手来思维的动物。限制人的双手就是限制人的思维。限制人的思维就是让教学走向专制。解放学生的双手，是教育走上探究之途的前提。

我对教学改革的期待是：让学生室外多一点运动，把身体保住；室内多一点探究，把脑子保住。广大教师、家长和全社会别光顾着让孩子在知识学习上走得快，还要考虑让他们在人生道路上走得远。“走得远”比“走得快”更重要。一定要让每一个学生有一个好身体，有学习兴趣，有解决问题的能力，有生活责任心。这才是教育的根本。

怎样把教学变成研究？

把教学变成研究，需要回答两个问题：分门别类的学校学科的本质究竟是什么，它们能被研究吗？教师的教学行为如何成为一个研究行为？

关于学校学科（school subjects）的本质，我想提三个人。第一个人是约翰·杜威（John Dewey）。杜威是教育民主化运动的主要推进者。他对学校学科、学校课程做出的重要贡献就是认为儿童经验和社会生活是课程的题中应有之意。把学科知识转化为儿童的心理经验，才成为“学校学科”。这叫作学科的“心理化”。把学科知识与社会生活联系起来，才有教育价值和发展价值。这叫作学科的“生活化”。杜威的这些观点主要体现在《儿童与课程》《学校与社会》以及《民主主义与教育》这些不朽著作中。经过杜威的努力，学校学科中有了儿童经验，有了社会生活。

第二个人是舒尔曼（Lee S. Shulman）。美国著名教育学家、心理学家舒尔曼，在 1986 年至 1987 年连续发表了两篇重要论文：一篇为《成为理解者：教学中的知识生长》（*Those Who Understand*：*Knowledge Growth in Teaching*，1986）；另一篇为《知识与教学：新改革的基础》（*Knowledge and Teaching*：*Foundations of the New Reform*，1987）。这两篇重要论文的核心思想：教师是理解者和知识的创造者；教师的知识创造发生在教学过程之中；教师的独特知识是“学科教学知识”。换句话说，教数学的老师和专门研究数学的数学家是两种不同的职业，拥有两类不同的知识。教师拥有专业自主权。教师的独特知识是“学科教学知识”（pedagogical content knowledge，简称 PCK）。“学科教学知识”不同于“学科知识”（content knowledge），它还包括教师自己的经验和思想，教师对学生、学科和社会的理解。这是一种独特的知识，是教师胜任教学的基础，是教师专业成长的核心。“学科教学知识”最终将课程从教科书和各类教材中提升出来，使课程获得一种独立的存在。这种独立的存在的本质是：教师不是学科专家的依附者，而是拥有独立人格和专业自主权的人。

经过杜威和舒尔曼的努力之后，学校学科既有了学生，又有了教师，还植根于社会生活。

第三个人是威廉·派纳（William F. Pinar）。他提出让教学处于“第三空间”。这个空间既和知识与社会有联系，又存在区别和相对独立性。在这个“第三空间”里，教师带领学生探索自我、探索学科、探索生活。这种教学即是“复杂的会话”（complicated conversations）。

经过这个简短的梳理，可以得出两个基本结论。第一，学校学科拥有内在价值。它不同于成人的学科知识，学校学科的主体是教师和学生。教师和学生的经验和思想是学校学科的核心构成。学校学科的目的是发挥学科的教育价值、发展价值，指向学生的个性解放、教师的专业发展与社会的民主化。而这个价值的发挥，依赖于师生的合作探究和创造。学校学科的本质，是教师带领学生们创造自己精彩的学习故事。所以把教科书当“圣经”、把课程标准当

“圣经”的做法，都和20世纪教育民主化运动以来学校学科的本质大相径庭。

第二，学校学科具有探究性。一切知识的本质特性之一即探究性。倘若把知识比作一条鱼，这条鱼只能通过探究结成的网来捕获。不用探究这张网，而用机械训练结成的网，这恰如用电网来捕鱼，看起来捕了很多鱼，但全是死的。而用探究这张网，看起来捕的鱼不多，但它们是活的、生长的、不断繁殖的。少就是多，国外有句话 less is more，直译是“越少则越多”。虽然少，但它们是活的，会自行繁衍为多。“学科知识”与“学校学科”的区别不在于有无探究或探究的程度、比例有别，而在于探究的主体和意义存在差异。

我国传统的课程和教学，把该区分的没区分，又把不该区分的区分了。成人的学科、儿童的学科是两类学科，应该区分开来。儿童的学科是为了儿童的发展，不是为成人做准备。我们却认为儿童的学科与成人的学科是一个学科，只不过前者简单，后者复杂。探究、创造对儿童、对教师、对成人和科学家都是一样的，都是解决问题的过程，这是共通的。我们却认为，探究、创造是成人和专业人员的事情，而教师和学生是传递和接受成人的探究成果的，他们本身不是研究者。这是本末倒置的教学观。

一切的发现都是发明。发明不只是知识产生的过程，也是知识的学习和交流的过程，我们一定要牢记这个基本原理。知识的学习和教学过程同样是发现与创造过程，这很重要。

教师如何把自己的教学行为变成研究行为？教师要把教学变成学生研究或儿童研究。这是民主教学的基本特征。换句话说，教师即学生的研究者，教师即学生理解的理解者。教师只有理解了学生，才能帮助学生发展，因此课堂教学过程就是教师对学生想法的理解过程。我把儿童研究与教学合二为一，教师即儿童研究者。这是研究性教学的核心。

瑞士哲学家、心理学家和教育学家皮亚杰的伟大贡献，就在于不仅发现了儿童思维和认知的独特性，而且发明了一种研究儿童思维的办法，这叫“临床访谈法（clinical interviewing）”。这种方法就是创设问题情境，让儿童投入其中，成人通过与儿童对话，让儿童说出他们的想法。皮亚杰的学生、著名心理学家英海尔德（Barbel Inhelder），发展了皮亚杰的“临床访谈法”。皮亚杰的问题情境相对简单，而且往往是一个儿童单独探究，成人也往往对儿童只进行一次访谈。英海尔德认为这很可能无法充分研究儿童的观念。她因而将简单的问题情境变成复杂问题情境，并从中引出探究课题。探究过程中，由一个儿童变成一群儿童，相互合作进行，而成人给予帮助与指导。成人则对儿童进行多次访谈，帮助他们边探究边说出他们的想法。结果这种方法让儿童产生了更多的想法。英海尔德将这种方法叫作“批判性探究法”（critical exploration）。晚年的皮亚杰也采纳了这种方法。他们两人共同的弟子、哈佛大学教授爱莉诺·达克沃斯（Eleanor Duckworth），干脆把皮亚杰和英海尔德研究儿童的办法变成教学本身。她最有名的书是《精彩观念的诞生——达克沃斯教学论文集》。

达克沃斯发人深省地问道：“所有儿童在其一、二年级都有惊人的智力进步，为什么许多儿童的智力发展随后就慢下来了呢?”在儿童的童年时代晚期，他们的好奇心和智慧究竟发生了什么？达克沃斯认为这是由于成人的忽略和偏见、社会的习俗和禁忌阻止孩子们探索他们自己的观念，并使他们觉得他们没有自己的重要观念，仅有愚蠢的或罪恶的想法。如果教学过程中的大多数“正确答案”都来自外部、来自教师、来自试卷附带的“标准答案”，而学生自己的观点却大多数是“错误的”或“不准确的”，那学生会珍视自己的观点吗?如果一个人觉得自己的观点无足轻重，他或她会有思想自由和创造性吗？因此把我国学生从“中考”“高考”和形形色色的“统考”等外部评价中解放出来，让每一个学生都珍视自己的观念、想法，并勇于去尝试、检验它们。这是教学改革迫在眉睫的任务。

达克沃斯因此把每个人自己的观念视为智力的核心，因此也是课程和教学的核心。课程和教学的全部目的，在于帮助学生产生、遵循和发展自己的观念。她把皮亚杰和英海尔德的“临床访谈法”“批判性探究法”，转化成教学和研究一体化方法论。什么是教学？达克沃斯这样回答：所谓教学，就是去倾听你的学生，并让你的学生告诉你他们的想法。这就是教学。教学即倾听，学习即告诉。这个过程就是创造条件，让学生说出并不断发展自己的想法。

达克沃斯做了一系列精美的实验，践行“教学即研究”的理念。其基本做法可概括为如下方面：

第一，教师一定要像珍视珍珠和黄金一样，珍视学生在课堂上的思想和体验。思想是黄金，体验是珍珠。无论学生的观点是正确的还是错误的，教师的第一反应不是简单接受或拒斥，而是去思考：他或她为什么这么想？当教师持续思考“我的学生为什么这么想”的时候，教师就变成了学生研究者。

第二，教师一定要创设问题情境。这些情景暗示着、蕴含着学生的精彩观念和体验，没有情境就没有教学。过多地关注预定目标没有意义，目标越细就对课堂限制越多。

第三，在情境中，当学生为理智问题所吸引的时候，教师要学会通过对话让学生持续、深入地投入对问题的探究当中，不要浅尝辄止。

第四，在学生日益深入地投入问题的探究过程中的时候，一定要留出时间倾听学生解释。因为大多数学习都发生在解释当中。学生越说越愿说、越说越会说，而说的过程就是思想产生的过程。经过一堂课，学生们表达了自己的观点、论证了自己的观点、展示了自己的观点。他们就会说：原来创造知识一点也不神秘，我也能创造知识。只要我提出了观点、论证了观点，我就是知识的创造者，我的知识和教科书的知识同等重要。

因此学生研究和教学是一件事，而不是两件事。教学的根本不在于教师讲了多少，而在于教师对学生理解了多少。教学的本质是倾听和对话。

这就是“研究性教学”的基本意蕴。我宁愿把“教学”两个字变成“教学研究”四个字，这包括：教师一以贯之的学生研究；教师与学生合作研究学科与日常生活；教师帮助学生做研究。任何时候，只要教学和研究分裂了，一定会首先异化教师自己，然后让一个异化的心灵去异化更多的学生。这就是专制教学制造专制人格的基本机制。反之，让学生表达自己的观点、创造自己的观点，这就是民主教学。而民主教学是自由人格和民主社会的产生机制。用杜威的话说：“教育是民主社会的‘产婆’。”

“研究性教学论”不反对讲授教学法，但反对“知识传授乃教学本质（职）”。不存在唯一正确的教学模式和方法。“研究性教学”的共同要素：问题情境、合作探究、倾听与对话、交流与展示。把这些要素结合学科特点、儿童需求、教师风格、日常生活，创造性地形成一个又一个精彩的、平凡的、朴实的教师和学生的真实研究过程，这就是我心目中的理想教学。

让我们行动起来。

李镇西说

教育民主的呼唤者

杭州师范大学教育科学研究院院长、教授、博士生导师张华先生是我为李镇西博士工作站请的第一位演讲者。

虽然在那之前我对他了解并不多，只是读过他不多的文章，但仅仅是他参编的一本《为了中华民族的复兴、为了每位学生的发展：〈基础教育课程改革纲要〉解读》，就让我对他敬佩有加。

2002年，我写博士论文《民主与教育》，谈到课堂师生关系时，我提出了“共享式”教学的主张，我写道——

> “共享式”教学，把教学过程还原成师生积极互动、共同发展的交往活动过程。无论“填鸭式”还是“启发式”，信息流向都是单向的静态的，而且是居高临下的。而“共享式”则体现了师生之间和学生之间动态的信息交流，真正实现了师生互动，在对话中师生互相影响、互相补充、互相促进，最终共同进步。师生关系的本质是教育性的，因而“我们相信，在这样的师生关系中，学生会体验到平等、自由、民主、尊重、信任、友善、理解、宽容、亲情与关爱，同时受到激励、鞭策、鼓舞、感化、召唤、指导和建议，形成积极的、丰富的人生态度与情感体验”。

最后几句引文，正是张华教授的观点，这是我的理论支撑之一。

2016年1月7日，是李镇西博士工作站成立之日，张华应邀前来上第一课。虽然是第一次见面，但课前我俩在操场上散步聊天，民主教育是我俩共同的话题，聊得很是投机，大有一见如故之感。

我对民主教育的理解显然更多的是来自实践层面的感受，而张华则以深厚的学养、开阔的视野和高屋建瓴的前瞻性，将我的民主教育观提升到了一个新的高度。

他旗帜鲜明地指出：“我国新课程改革的性质是什么？教育民主。只有走向教育民主，课程改革的方向才是正确的。教育民主的核心内容是‘三个解放’：解放每一个教师、解放每一个学生、解放每一所学校。”

而“解放每一个教师”，当然就包括了解放教师的课程决策权和开发权。他直言不讳地说:“剥夺1200万教师的课程权，就是剥夺思想权；剥夺教师的思想权，就是加倍地剥夺学生的思想权。个体的思想权被剥夺，是中华民族丧失创造力的机制与根源。”

关于课堂教学因民主理念而得到根本改造的逻辑关系，张华是这样分析的:“民主的基本特征有二：民主是互动的、合作的，这意味着个人与个人之间、个人与集体之间、不同集体之间是自由互动、合作和利益共享的；民主是探究的、创造的，这意味着个体思想自由，探究、创造的权利得以实现。课堂教学由此实现两大变革。第一，课堂教学再也不是教师向学生传递学科知识、‘客观真理’的过程，而成为一个问题解决和探究的过程。教学本身就是师生合作探索知识的过程。师生通过探索知识而产生自己的理解和思想。这就是杜威的名言：知识的学习是探究活动的副产品。知识变成了探索的对象和在生活中使用的工具。第二，教学再也不是教师、学生、教科书三个实体的组合，而成为一种关系，教学永远处于师生的互动过程之中。”

我非常赞同张华这个观点：教学是一种关系，而且“永远处于师生的互动过程之中”。

由此张华提出“把教学变成研究”，他认为这是完全可能的，也是必需的，因为“儿童研究和教学是一件事，而不是两件事。教学的根本不在于教师讲了多少，而在于教师对学生理解了多少。教学的本质是倾听和对话”。

那次他的演讲也极具冲击力，一针见血，鞭辟入里，酣畅淋漓……在我们的头脑中掀起了阵阵思想风暴。

我想起，时不时有不愿思考的所谓“一线教师”看不起理论说教的专家：“站着说话不腰疼！你来带个班试试?”脱离实际的赵括式“专家”当然应该被嘲笑，但如果嘲笑的是真正直面中国教育现实并又提出建设性战略意见的专家，中国教育何以“面向现代化，面向世界，面向未来”？

毫无疑问，张华教授是我国目前课程改革的领军人物之一。他在课程与教学论方面的许多真知灼见，直接引领着也影响着中国的新课程改革。

我注意到中国教育学术(理论）界集中着一批“65后”：他们职业的起点大多是乡村教师，后来靠自己的勤奋与天赋考上硕士、博士，然后成为大学教授、博导，以充满锐气的理论力量引领着中国教育改革，比如石中英、刘铁芳、刘良华、王崧舟、李政涛、张华……

他们当初来自最基层的一线，然后不断在学术理论上超越了自已，现在又怀着初心宏观地思考着中国的教育，并指导着一线的改革。

我们没有理由不对这批“崛起于畎亩之中”的真专家表示敬意。

站在民主教育的高度，张华这样表达他对教学改革的期待：“让学生室外多一点运动，把身体保住；室内多一点探究，把脑子保住。广大教师、家长和全社会别光顾着让孩子在知识学习上走得快，还要考虑让他们在人生道路上走得远。‘走得远’比‘走得快’更重要。一定要让每一个学生有一个好身体，有学习兴趣，有解决问题的能力，有生活责任心。这才是教育的根本。”

这也是我们共同的期待。

永远行走　拓宽人生的边疆

教育专家　夏昆

1992 年，我大学毕业，成为一名中学教师。在我工作的前几年，我同许多年轻教师一样，老老实实学习、备课、教书，磨炼基本功，在七八年之后，居然也成了学校的教学骨干，成为某种意义上的应试高手。

我有时候想，如果我一直照那时候的轨迹走下去，现在也许会成为一个对高考和各种大考了如指掌的老师，能够迅速总结归纳每次考试的特点，预测下次考试的走向，对试卷分析津津乐道，对考点要求如数家珍。不过，命运却安排我走上了另一条路，原因有两个：第一是我这时候开始反思：难道这就是教育？这就是真正的教育？尤其是当我看到学校、老师和家长为了成绩几乎不惜一切代价，学生为了成绩不惜付出一切，我对以前坚信不疑的很多东西开始产生了怀疑；第二个原因就是我遇到了何老师。

何老师是我们学校一位大侠式的极具传奇色彩的老师，关于他有很多传说。有人说他文凭很低，只有初中毕业，但却是我们学校最厉害的老师。大家说他上课从来不看课本，有些课文甚至根本不教，有时候又拿一些课外的甚至自己的文章当课文教学生，这在当时是匪夷所思的。可是他的课却最受学生欢迎。人们都说他上课极其精彩，有时候一周时间只讲一个字，但是所有的知识却由这个字引出，遍及其余，功力极其深厚。大家的介绍让我对何老师充满了崇敬，更充满了好奇，心里想，如果有一天我也能像他那样旁征博引挥洒自如地上课该有多好！于是我萌生了向何老师请教的想法。可是别人的一句话又给了我当头一棒："何老师这个人水平很高，但是脾气很大，从来不参加学校的任何会议，不参加教研活动，不交任何报表，不听任何人的课，也拒绝任何人听自己的课。据说有一次校长想走进他的教室，居然都被他轰出来了。"我一听心里凉了半截：他对校长尚且如此，何况对我这二十多岁初出茅庐的年轻教师呢？因此尽管内心很想向何老师请教，但是却一直不敢向他提出，直到有一天，我们在学校图书馆不期而遇。

那天图书馆一如既往地人很稀少，除了图书管理员之外，就只有我们两个人。我主动向何老师打招呼，他很热情地回应："嗯，小夏老师，我刚才在看你的借书目录，看来你很喜欢看书，书的品味也不低，不错啊！"得到这样的评价，我受宠若惊，于是就借此机会与何老师聊了起来。几句话下来，发觉居然我们还颇投机，我趁机提出想到他家里登门拜访求教的事情，何老师也很爽快地答应了。

那一刻我已经无法形容自己的高兴与激动：长久以来想向何老师请教的愿望，居然今天这么轻轻松松地就要变成现实了，这是我以前无论如何都想不到的。然后我又觉得奇怪：何老师似乎并不像别人说的那样脾气古怪难以接近啊。后来看《琐忆》，发觉唐弢看鲁迅颇像那时候我看何老师，从听信人言觉得他古怪傲慢到走近他知道他的平易与真诚，我们的经历竟然如出一辙。

为了这次期待已久的拜访我做了很多准备，包括准备了见面礼。我去买了一套四本庞朴主编的《中国儒学》，这套书我买过一套，看过后，觉得很受启发，于是特意挑选来作为礼物送给何老师。这是我工作以来第一次把书作为礼物送人，原因很简单，好书很多，但是值得用好书来送的人却很少。

每个有过我这样经历的年轻教师想必都能理解当时我的心情。作为一个无水平无资本无成绩的“三无”老师，最迫切的愿望就是能够在短时间内迅速提高自己的教学水平，也就是提高学生的考试分数，争取在学校站稳脚跟。更期望的是，老教师能够把自己的绝世秘籍毫无保留地传授给自己，就像武侠小说里高手打通后辈的任督二脉一样，让自己轻轻松松地变成高手，从此称雄武林。至少当时我是抱着这样的心态去拜访何老师的，所以我向他提出的第一个问题就是：要把书教好，有什么捷径吗？而何老师的一句话让我醍醐灌顶，同时又感觉愧不可当：“有什么捷径？唯一的捷径就是读书！”

何老师告诉我，他的确是初中毕业，甚至在工作几十年后，临近退休，他还是二级教师。当然我也知道，全校上下从校长到学生，没有哪个不对他这二级教师佩服得五体投地。

“为什么？因为我读书而他们不读！”老先生表现出与他的年纪似乎不相称的激动。多年之后，这种激动我在李镇西、王晓春、张文质、宋大儒等长者身上也多次见到过。“现在是校长要求教师读书，你看有几个校长在读书？教师要求学生读书，又有几个教师自己在读书？这简直是笑话！”老先生越说越激动。何老师告诉我，多年来，他从不打麻将，很少参与应酬，所有的业余时间，几乎都用在阅读上。

“作为一个教师，身上没有点书卷气，就没有了当老师的底气，怎么能叫教师！”何老师告诉我，他经常到学校图书馆翻看老师们的借书目录，可是结果也让人遗憾。“本来借书的人就不多，但是大多数借的要不是《知音》《家庭》这类消闲杂志，就是教辅资料。读书的品味实在太低！”老先生说着说着又激动起来了。

“那您看我应该看什么书呢？”我终于抓住机会，提出了我最想提出的问题。何老师把我看了半天，几乎是一字一顿地说："我觉得你应该看'二十四史'。"

我知道"二十四史"是从《史记》到《明史》的二十四部正史的总称，全书共3213卷（《汉书》《后汉书》《魏书》和两《唐书》有复卷，实际为3300卷），4000万字，编撰共耗时1800余年，是世界图书史上的巨著。从第一部《史记》记载传说中的黄帝时期（约公元前2550年）到最后一部《明史》记叙到明崇祯十七年（1644年），历时4000多年，是我国最完整、系统的纪传体史书。

可是我一个语文老师，花这么大精力去看历史著作，有用吗？我把疑惑告诉了何老师。他说：肯定会有用。首先，任何知识都是有根的，而文史不分家，很多文学知识其实就植根于历史中；其次，语文老师看原版史书，对自己的文言文功底提高很有帮助。

从何老师家出来，我心里既激动又忐忑：激动的是终于实现了长久以来的愿望，能请何老师当面给我以指导；忐忑的是"二十四史"如此浩繁，我能够完成这个任务吗？

可是既然虚心求教，那么就绝无将何老师的教诲抛之脑后的道理。当然，我一个月数百元的工资是无法购买"二十四史"的，于是我决定用电脑看。我买到了超星光盘图书馆的"二十四史"光盘。我给自己定的目标是每天至少看一卷。为了强制自己，我在当时使用的Windows98系统上设置了一个预定任务，每天晚上8:00，不管我是在听音乐还是看电视或者打游戏，系统就自动打开"二十四史"阅读系统，天天如此，从不间断。

读了书，自然有些体会和想法，最早的时候，我就记在电脑上。那时候还没上网，后来遇到电脑系统崩溃，我辛辛苦苦写的读书笔记全部化为乌有，气得七窍生烟却又无可奈何。于是后来就专门买了笔记本来做摘抄和笔记，很多年过去了，那些笔记本已经残破不堪，但是现在翻出来，还可以清晰地看到那时候我的阅读历程。

2000年，我已经读完了《史记》《汉书》《后汉书》《三国志》《晋书》《北史》，开始读《南史》。读完这几部史书的直接结果是超星的图书光盘我读坏了三套（每套两张光盘），这时候依稀觉得这样的阅读给了我前所未有的充实感。正好那时第三套光盘读坏了，又没买到新的光盘，我干脆设法去借到了一套《汉书》，再次重读。后来，在学校图书馆一个蛛网密布的储藏室里，我居然发现了大半套中华书局版的《二十四史》，包括《南史》《北史》《隋书》新旧《唐书》、新旧《五代史》《宋史》《元史》《明史》。管理员老师说这是学校准备卖废纸的，我想买下来，学校居然不同意；想借，学校却说这是工具书不能外借！中国的事情有时候就是这么搞笑，有些东西宁愿让它烂掉也不提供给真正喜欢和需要的人。后来校长禁不住我的软磨硬泡，终于勉强答应给我开条子，允许我把那些从来就没有人借过，早已满布灰尘的宝贝借出来了。老师们看着我端着一米多高的竖行本古书兴高采烈地回家，皆莫名惊诧。

在何老师的指导下，我从1998年开始阅读“二十四史”，随着阅读的深入，我越来越深地体会到何老师当初告诉我的那句话：语文的根就扎在历史中。当我在2005年开始读《宋史》的时候，明显感觉到以前学过的很多散乱的知识现在凭借着历史的线被串在了一起，或者更确切地说，历史像一棵根深叶茂的大树，而所有的语文知识都能在这棵树上找到自己合适的位置。而一旦它们找到了自己的位置，就不再是孤立静止的一点，而是随着这棵大树的生长而生长，随着它的壮大而壮大。

到2012年，我基本读完了从《史记》到《明史》的“二十四史”，历时14年。这14年的阅读中，我最大的收获其实还不是书中阅读到的那些内容，而是在我20多岁到40岁出头这关键的10多年中，“二十四史”的阅读让我养成了系统和长期阅读的习惯。这种习惯一旦养成，对所有人来说都是受益终身的。

而在开始读二十四史的同时，我也开始有意识地走进古诗词的世界。

我与诗歌结缘应该是在30年前。

我很清楚地记得当时是在读高二，在一个阳光灿烂的上午，我拿出了一个崭新的作业本，用笔在中间划了一道分成两半，拿来抄诗和抄词。我记得抄的第一首诗是张若虚的《春江花月夜》，抄的第一首词是苏轼的《蝶恋花·花褪残红青杏小》。因为那个时候家里没有太多钱可以让我肆无忌惮地去买书，所以很多时候看到喜欢的诗词就只有抄。还有是因为觉得读书看书已经不能够满足自己对这些东西的喜爱，于是就只有抄下来。

后来也就是这几年，我在思考一个问题，就是我们为什么要让小孩子去读那些诗词。我记得在网上看到过这么一个帖子，他说小孩学唐诗宋词，以后他长大了到山上去，也许会想起的是“山从人面起，云傍马头生”；如果他走到江上，也许会想起“两岸猿声啼不住，轻舟已过万重山”；走到海上，也许会想起“海上生明月，天涯共此时”；到泰山，也许会想起的是“会当凌绝顶，一览众山小”。如果他恋爱了，他可能会想起的是“月上柳梢头，人约黄昏后”；如果他失恋了，他可能想起的是“人生若只如初见，何事秋风悲画扇”。而如果没有这些的话，他就只能说是“蓝瘦香菇”（谐音难受想哭）了。我觉得这个话说得也比较好，但这是不是我们所说的小孩子包括我们大人读诗歌的唯一的目的？我想的话可能不完全是，因为读诗还有其他很多很多的目的。

第一，中国的古典诗词带给我们的是丰富与美丽。任何民族，它的文化早期的发展方式一定是诗歌，古希腊有荷马、有萨福，古罗马有维吉尔，意大利有但丁等，诗歌所包含的就是这个民族整个历史以及整个文化发展。中国传说比较早的一首诗，有人说是越人歌，描写的是中国先民们打猎的一个场景，只有八个字："断竹，续竹，飞土，逐宍"，但是却能够揭示、展现我们先民在与大自然抗争的过程，他们去打猎、喂养自己的家人、勇敢地活下来的一个场景。我们很难找到中国的任何一种文化或者任何一个历史阶段没有相应的诗歌来表达的，唐诗、宋词、元杂剧、乐府、五言诗，先秦还有《诗经》和《离骚》，近代现代就更不用说了，所以说是丰富的。而诗歌毕竟是美丽的。诗歌是一种非常讲究韵律和用词的文体。在所有的文化当中都是这样，母语最精粹的部分一定是诗歌，最精致的部分不是小说，不是论文，更不是政府工作报告，而一定是诗歌。所以说诗歌集是这个语言当中最美丽的部分。诗歌不仅仅是语言的美丽，还有诗歌的感情、诗歌的境界、诗歌所描绘的景色都很美丽。如果我们从小在孩子心中扎下美丽的种子，那么它有一天一定会长出幼苗乃至于长成参天大树。所以我觉得这是诗歌的第一个特点。

第二个特点是高贵与优雅。中华民族上下五千年，文化其实是非常灿烂的，而这最灿烂的文化其实就保存在我们的诗歌当中，哪怕是我们平时看起来非常不经意的一些景象，诗人们都会用非常美好的词语和诗句将它们形容出来。比如我们刚才说的"山从人面起，云傍马头生""行到水穷处，坐看云起时""明月松间照，清泉石上流""海上生明月，天涯共此时"等，这些高贵与优雅，有助于我们每个人气质的养成。

有一个电影叫《窈窕淑女》，赫本主演的，英文翻译是 *The Lady*。赫本在里面演一个地位非常低、非常粗俗的卖花女，就跟包租婆差不多，然后就有两个绅士在打赌，一个绅士说他能用很少的时间把这个地位低下且非常粗俗的女子变成贵妇人。另外一个人不相信。他是个语言学家，他说改变她的语言就可以使她成为一个贵族女子。两个人就开始打赌，赌注定了之后，语言学家就开始对赫本扮演的这个卖花女进行训练，教她怎么发音、怎么吐字、用什么词、用什么句，教她莎士比亚、济慈的诗歌等。当然，电影里面表现的是到最后，这个训练完成之后，赫本果然由一个粗俗的卖花女子变成了一个淑女。我觉得电影有一个隐喻，就是一个人的气质的相当一部分，跟他的语言有非常重要的联系。那么语言的提高，最好的方法其实就是诗歌，因为诗歌是高贵的，诗歌是优雅的。

第三个特点是深情与悲悯。中国大多数诗歌都是抒情诗。钱锺书先生曾经说过，中国人是异乎寻常的聪明、不可救药的聪明。就是中国人的诗歌跳过了叙事诗这么一个层次，从《诗经》开始，基本上都是抒情的，主要是通过写景来抒情。但是我们绝大部分情感其实都是人类所共同拥有的美好的情感。比如说，当我们看见一个女孩儿长大了，出嫁了当新娘，《诗经》里面说“桃之夭夭，灼灼其华，之子于归，宜其室家”。比如说当一个人离家很久，回到家的时候，他说“昔我往矣，杨柳依依，今我来思，雨雪霏霏”。男孩去追女孩，那女孩若即若离，于是“蒹葭苍苍，白露为霜，所谓伊人，在水一方”。成都的杜甫草堂，杜甫在那个地方曾经写下“安得广厦千万间，大庇天下寒士俱欢颜，风雨不动安如山”这样的千古名句，这些句子其实都表现的是一种深情与悲悯。不管是对自己的朋友、家人，还是对不认识的受难的人，诗歌所传达出的是人类最尊贵的一种情感。有时候我会觉得这种深情与悲悯在我们现在这个非常繁忙、非常紧张而且非常冷漠的现代社会是非常重要的。

那么读诗还可以让我们达到哪些目的呢?

第一，古诗词能够让我们了解最美的汉语。

任何一个文化当中，它的母语最精彩最美丽的部分必然是诗歌而不在其他的地方，所以说每一个文化中间，他最引以为自豪的人一定有诗人的一席之地。比如印度有泰戈尔，英国有莎士比亚、济慈，意大利有但丁，德国有席勒、歌德，俄罗斯有普希金，美国有迪金森、惠特曼等。而中国，有李白、杜甫、白居易、苏东坡等。

在很大程度上，一个民族最引以为自豪的人当中，一定有诗人的一席之地。在有些民族中，诗人甚至超越了政治家、军事家，超越了其他人而成为这个民族的国宝，比如说莎士比亚。

第二，古诗词让我们寻回自我。

古诗词其实从本质上来说，它是属于农耕时期的一种文化，不是属于我们现在的农耕文明的文化。相对来说，节奏比较慢，也比较淳朴、比较简单，它因为慢而显得比较细腻。

南美洲有一个故事。一个部落的某个人在走路的时候，走一段就喊一声，有人就问他为什么喊，他说我们的习俗就是这样的，我们害怕走得太快了，把自己的灵魂给弄丢了。我觉得这个隐喻对我们今天这些走得非常快的人也许是有帮助的。我经常就在想，比如当我们太执迷于工作然后忽视了家人的时候，也许可以想一下“何当共剪西窗烛，却话巴山夜雨时”；我们把离别太不当一回事儿的时候，也许可以想一下“今夜鄜州月，闺中只独看。遥怜小儿女，未解忆长安”；我们被工作折腾得要死不活，一天到晚完全处在一种非常紧张和焦灼的状态，何不把自己放归到田野里去体会一下“采菊东篱下，悠然见南山”？不然的话，我们可能会成为卡夫卡《变形记》之后又一个变成甲虫的人。

第三，古诗词能治愈我们的伤痛，温暖我们的人生。

从大的分类上来说，诗词属于艺术。用黑格尔的观点来说，艺术就是没用的，但是艺术的没用其实是无用之用。在我们遭遇一些痛苦的时候，可能自己的妻子、丈夫、父母家人都无法帮助自己，包括最亲的朋友，但是最能够帮助自己的是什么？是音乐、诗词、电影。所以我原来经常跟我的学生们说，如果你哪天考试考得不好，心情非常低落、非常郁闷，你去读一下苏东坡。苏东坡20多岁成名，然后成为全国名流，也成为宰相的后备人选，结果第一次被贬到黄州，后来被贬到惠州、儋州。他是怎么过的？他是怎么说的？他有过痛苦，“缺月挂疏桐，漏断人初静。谁见幽人独往来，缥缈孤鸿影”，但是他勇敢地从痛苦中走出来了，写下了这首词：

莫听穿林打叶声，何妨吟啸且徐行。竹杖芒鞋轻胜马，谁怕？一蓑烟雨任平生。

料峭春风吹酒醒，微冷，山头斜照却相迎。回首向来萧瑟处，归去，也无风雨也无晴。

所以有时候一些古诗词的确能够治愈我们的伤痛，温暖我们的人生。有诗词、艺术相伴的人生，其实是非常幸运和美好的，它让你的生活更加丰富。在你痛苦的时候它可以雪中送炭，在你幸福的时候它无疑也可以锦上添花。

古诗词如此美丽，为什么很多孩子还是很害怕诗词，原因是我们的古诗词教育存在误区：

第一个误区是重背诵轻理解。

高二时，第一次发觉，原来诗词的世界这么美丽，我就从那个时候开始一个字一个字地把《春江花月夜》背下来，到现在还能够背，因为我觉得背诵是一个非常愉快的事情。背诵其实是诗歌学习的一个副产品，并不是诗歌学习的目的。但是我们以考试为目的，片面去强调背诵，必然会让孩子恐惧乃至厌恶。

还有老师经常问我，小孩子是不是需要理解，叫他们先背下来，然后到他大了自己理解。我说错。不要以为小孩子不理解，他不能感悟是另外一回事，但他一定能够理解。我们给小孩子读的诗，必定都是跟小孩子很接近的诗。“床前明月光，疑是地上霜”“鹅鹅鹅，曲项向天歌”等这些诗，其实跟小孩子的生活都比较接近，那么他有什么不能理解的？

第二个误区是重解释轻感悟。

我们经常会遇到这样的老师，上课的时候讲这首诗“会当凌绝顶，一览众山小”。“会”是什么意思？“当”是什么意思？“凌”是什么意思？“绝顶”又是什么意思？其实没有这个必要，因为把一首诗拆散去教学生，已经把诗的整个意境和感情全破坏了。为什么一定要用这种非常机械的解释方式呢？为什么不让孩子去想象、去联想，去走进这个诗歌呢？

第三个误区是重分析轻情感。

高中的诗词鉴赏题，现在差不多是八分到十分。问题就是这首诗运用了什么手法，抒发了什么感情。但是这样分析，最后一首诗就被分析死了，而真正一首诗里面非常美好的情感却被忽视了，就只会用一些套话，中国古人有多少多少种情感，隐士的、贤士的、怀才不遇的、报国无门的、跟朋友离别的等。我觉得这是非常离谱的一件事情，人类的情感那么复杂，怎么是一道题就可以分析完的呢？

我能不能让孩子们拥有跟我在高二读诗的时候同样的感觉，突然觉得诗歌是如此美好的东西，如此值得花费自己的精力和时间的东西，让他们自己去喜欢、自己去体会？

1998 年，我开始教一个新的年级。当时我在想能不能用一些方法让孩子真的去了解语文的美好，去感受语文的美好。

我决定从诗词开始，于是在班上开设了三门课。第一门课是在高一的时候，我做了 20 多个课时的音乐鉴赏，介绍了 20 多首中外的非常有名的乐曲，主要是以古典音乐为主，包括贝多芬、莫扎特、柴可夫斯基、海顿。在高二的时候，开设了一个学年的电影课，介绍 10 多部中外优秀的电影，并且分析、分享以及评价。后来我在 2012 年出过一本书，叫《教室里的电影院》。

在教高一、高二时，我还开了一门课，就是诗词鉴赏课。最早我是希望让孩子自己去了解诗词、寻找诗词，然后品味诗词。因此每节课之前，我会拿出 5 分钟～10 分钟的时间，学生就按照一定的顺序，给其他同学上诗词鉴赏课。他们自己去找资料、解读、制作课件等。

由于开设了这门课，我当时意识到我只能做一件事情，就是恶补诗词。因此从那个时候我第一次想到的一个词就是教学相长。

而这两年恶补诗词的结果就是在 2007 年，我出版了自己的第一本书《唐诗的江山》。它在 2015 年再版，改名为《在唐诗里孤独漫步》，后来又出版了姊妹篇《温和地走进宋词良夜》。

于是我就把全班学生以 4－5 个人为一组分成若干个备课组，然后每一个备课组负责一首诗。我给他们资料、教参、辅导书，这一次让他们再讲，但这次跟上一次讲不一样，不是什么 5 分钟～10 分钟，就是让他们像老师一样去讲一节课。每一个备课组成员都会分工，查资料、做课件、上台讲等，即使有时候两三个人一起上台说“群口相声”也可以，只要他们能够把这个事情做好，然后包括布置作业都是仿照老师上课时的要求。我就坐在下面听，顺带给他们拍照。很多年后，我从照片中看到那些依旧鲜活、非常美好、非常阳光的容颜，于是感觉当老师不是那么累了。

让学生讲诗词让我发现了诗词教育的另一种可能，于是我在思考，还有没有其他可能呢?

苏霍姆林斯基说，儿童的图画是通往逻辑认识道路上必不可少的阶梯。画画对于儿童教育是非常重要的。他还说，离开了绘画，地理、历史、文学、自然课就很难上。我国家庭教育的开创者陈鹤琴先生说，画画是一个很有教育价值的游戏，小孩可以因此发表个人的思想，又可以学到很多知识。他还说，画画在教育上的价值很大，小孩子就应有画画的机会。

我就想，为什么不把诗歌与画画结合在一起呢？于是那段时间我就在家里开了一个自己家孩子的“私塾”。我每天就带着孩子一起画画，很快就发觉画画的确能够起到非常重要的作用。

比如有一首大家都非常熟悉的诗，即杜甫的绝句“两个黄鹂鸣翠柳，一行白鹭上青天”。我记得当时我们在画这个意境的时候，家里有一个孩子，就问我说青是什么颜色呢？然后有孩子说是绿色，为什么？青草啊。好像有道理。但是有人说不对吧，这个天不可能是绿色的吧？后来又有孩子说，青好像是黑色吧，一头青丝啊。但是这首诗讲的是白天，因此不可能是黑色。孩子们互相问答，后来明白青是指蓝色。我想，如果叫老师在上课的时候，教学生记住青是指蓝色等，那是一件非常乏味的事情，但是孩子自己去接触、琢磨、发现，往往会发掘孩子的想象力、把握力和对诗词的理解能力，远远超出我们大人的预料。

这个尝试让我非常兴奋。在画画之后，我想还有没有其他的方法，能够让诗歌教学、诗歌教育更有趣，更直指人心一点。

我想有的，那就是音乐。

中国的古诗其实最早都是可以配乐演唱的，后来由于中国记谱法不发达，所以很多乐谱就散佚了，我们现在无法唱了。但是，还有可以唱的：第一，我们现在也有部分古曲流传下来可以唱。第二，有些诗歌现代人给它配了乐，也可以唱。

2014 年的时候，我创办了夏昆人文公益讲坛。我希望把这个讲坛做得更好玩一点，因此每一讲我都加入了音乐元素。我一直有一个观点，美好的东西一定是互相联系的，也是跨界的。

从 2015 年起，每个暑期，我都会开设儿童诗词夏令营，并且与《成都商报》、成都儿童团合作参与儿童诗词的推广工作。我在以前尝试的基础上，又和团队一起开发了将诗词与游戏和人文行走结合的教学模式。

比如我们会让孩子自己动手，用橡皮泥捏出一首诗，也会让孩子用一些简单的工具制作某一首诗的“模型”，还让孩子模仿古代文人，自己创作扇面画等。到后来，手工制作已经满足不了孩子的表现欲望了，于是我们开设了诗词表演课，让孩子自己将某首诗表演出来。

同时我们也设计了很多与诗词有关的户外游戏。比如诗词寻宝、诗词闯关、诗词定向越野等。但是我们还是没有满足。

谁说课一定只能在教室的四面墙内进行呢？课程能不能够走出教室，走到更广阔的空间里面去呢？我想答案是肯定的。古人就说过，“读万卷书，行万里路”，我们也可以给孩子创造适当的条件，让他走出校园、走出教室、走向更广阔的空间。

成都是一个非常有趣的城市，也是一个非常有诗意的城市。中国历史上最伟大的三位诗人：李白、杜甫、苏东坡，或多或少都跟成都有一定的渊源。李白、苏轼是四川人；杜甫虽然不是四川人，但是他在四川待了差不多 4 年，留下了杜甫草堂。除此之外，四川还有司马相如、扬雄、陈子昂等诗人。所以成都是一个诗词资源非常丰富的城市。但是很多人，包括成都本地人，都不大知道这些诗词资源，那么怎样让我们的孩子去了解自己身边的文化、身边的这些诗人？

从 2015 年起，我开始开发诗词行走课，到现在为止，已经开发出了一套基于成都本地的适合于小学四年级到高中甚至成年人的诗歌行走的课程。比如说在三苏祠行走讲苏东坡，在草堂行走讲杜甫，在江油行走讲李白，在永陵行走讲韦庄，在望江公园行走讲薛涛……

不仅如此，我和团队还在尝试将诗词行走课扩展到其他城市。2016 年，我们与江苏扬州瘦西湖博物馆合作，举办了一次扬州诗词行走课，受到家长、孩子的欢迎，并得到了当地媒体的好评。

2016 年 4 月，我受国家汉办和埃及大学孔子学院的邀请，到埃及开罗大学和艾因夏姆斯大学作古诗词讲座。接到邀请的时候我有点惊讶：去给谁讲？汉办的老师说是给埃及两所大学的中文系和孔子学院的师生讲。

我先后在开罗大学和艾因夏姆斯大学作了讲座，这两所大学号称埃及的清华和北大。我很惊讶的就是，那些学生们不仅能够听懂，而且很多学生还能跟我进行交流和互动！这让我感觉到，在中国的综合国力不断增强的今天，中国的国际影响力也越来越大，中国文化的影响力可能已经远远超过我们的预期了。

2017 年，我受荷兰广东华商总会的邀请，到欧洲荷兰，去给当地的华侨以及对中国文化感兴趣的荷兰朋友做关于中国诗词的演讲。演讲获得了很大成功。许多到荷兰多年的华侨纷纷表示，以后要让孩子上中文学校，不能因为身在国外而让孩子忘记了自己的祖国、自己文化的根。

事实上，人生就是一个不断行走、不断拓宽自己边疆的过程。

我学的专业是中文，但是如果只是固守于自己专业的领地，可能只能成为一个平庸的教书匠，甚至成为一个只会教学生怎样考试的机器。人生就是这样，当你勇敢地打破藩篱，走向更远的地方，你会发现人生的边疆其实可以很辽阔。

李镇西说

他和杜甫合作写歌词

那时夏昆还没有络腮胡，脸上光光的，颜如玉。

那时夏昆还不叫“夏昆”，而叫“摩西”。我说的是21世纪初他在我主持的教育在线论坛上的网名，我就是在那时认识他的。

那时的“摩西”还没有成为第一季《中国诗词大会》上大放异彩的金牌擂主，而是四川凉山州西昌一所普通学校的老师。

他在那所普通学校可一点都不“普通”，个性鲜明，性格叛逆，经常不与学校领导“保持一致”，譬如他居然背着吉他上语文课。

于是，摩西决定出走。

到哪里去呢？到成都去！

今天看来，从西昌到成都不过往东走了四五百公里，依然在四川省内，但千万别怪“摩西”的眼界太狭窄——怎么不继续往东到江浙一带，或往东南直奔深圳呢？当时在他眼里，有一个人，就是他眼中的“深圳”。

不好意思，写到这里，我不得不克服巨大的心理障碍自我表扬：那个人，就是我。

是的，2004年，我获苏州大学博士学位后回到成都，在成都市教科所短暂工作了一年多，便来到成都盐道街中学外语学校任副校长。多年以后我才知道，所谓“副校长”是一个阴差阳错的误会，但我确实重返校园。校长谢丹琦请我招纳一些有思想、有才华的教师。

摩西，也就是夏昆，就是其中一位。

如果我庸俗一点，可以借助现在某些“名校”自我吹嘘的套路说：“我发现并培养了夏昆！”

这当然是调侃。严肃而真诚地说，无论当年还是现在，我一直认为，夏昆的成长与别人无关，他顽强地恪守着自己的理想，执着地保持着自己的个性，走到了今天。

近距离接触夏昆，你会感觉他才气袭人。夏昆来到成都盐道街中学外语学校，他的情怀、个性与才气便显露了出来。这里不说他如何真正地爱学生，不说他的课堂是如何让学生着迷，也不说他如何把语文课搬到了草地上，我只说其中一个细节，便足以看出他确实与众不同。

有一天晚上，时间大概是快八点了，我和夏昆等人在学校里聊天。突然，他看了看手腕上的表，说：“不好意思，我要回去了。”然后甩下我们离去。

后来我才知道，夏昆给自己定下规矩：每晚八点必读“二十四史”。那是2004年，15年后，他一举夺得中华诗词大赛擂主，名满天下。成功从来都不是随便可以取得的，从夏昆这里再次得到印证。

现在的夏昆，满脸络腮胡，面容沧桑，一副仙风道骨模样；举手投足，俨然“一代宗师”。但我知道，他的书卷气不是装出来的，而是从灵魂深处自然而然散发出来的，他想掩饰都不可能。

我的导师朱永新让我担纲弄一个“中学语文教师阅读推荐书目”，我想到了夏昆，他读的书显然远远比我多。也因为他的书比我读得多，所以那次我专门邀请他来给我工作站的老师作报告，谈他的读书经历，他也是背着一把吉他来。讲座中，谈到杜甫的诗，他居然站了起来，一边谈一边弹一边唱。杜甫的诗篇，在他的手中和口中，成了优美的旋律，久久地回荡在报告厅。

轻掩柴门，忘门外漫天烽烟；信步江干，流离是身后的遥远。自去自来，看梁上飞燕；夜听雨声，蓬门花开天地间。老妻画纸为棋局，隔篱同邻翁换盏，稚子垂钓清江边，看沙鸥一点点。锦江春色来天地，愿我白发如红颜。但有茅屋三四间，何惧流年暗中偷换。黄鹂鸣翠柳，白鹭上青天。江碧鸟逾白，山青花欲燃。百花潭上月，锦水江中天。浣花溪畔柳，西岭山外山……

这首歌名叫《锦江春色》，是夏昆根据杜甫几首咏成都的诗改编的。PPT上，他还打出歌词，上面赫然写着：锦江春色，杜甫、夏昆词，夏昆曲，好像他真的和杜甫老先生曾一起商量作词似的。